JN220615

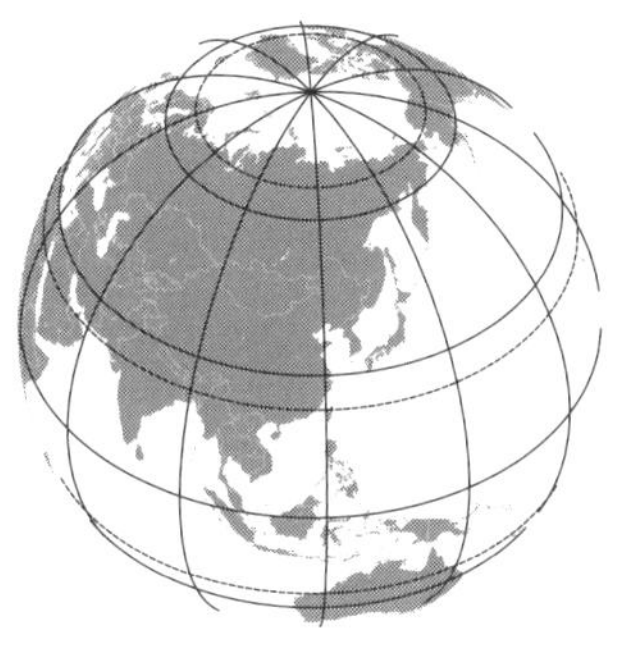

Akira Ikegami, How To See the World

池上彰の世界の見方

中国・香港・台湾

分断か融合か

小学館

基礎データ

中華人民共和国	**面積**	約960万平方キロメートル(日本の約26倍)
	人口	約13億7600万人
	首都	北京
	政体	人民民主共和制
香港	**面積**	約1103平方キロメートル(東京都の約半分)
	人口	約729万人
	政体	中華人民共和国香港特別行政区
台湾	**面積**	3万6000平方キロメートル(九州よりやや小さい)
	人口	2350万人
	主要都市	台北、高雄
	政体	三民主義(民族独立、民権伸長、民生安定)に基づく民主共和制

出典:外務省ホームページより

はじめに

日本の各地に大勢の中国人が観光にやって来るようになりました。東京の銀座はもちろんのこと、京都や奈良などの有名な観光地ばかりではありません。えっ、こんな所にも、と驚くような場所にも団体客が来ています。

かつては大変貧しかった中国も、海外旅行できる人が増えています。日本に詳しい中国人が増えているのです。

その一方で、大声で話したり、列に割り込んだり、ゴミをポイ捨てしたりと、マナーの悪さも目立ちます。

ところが、こうした振る舞いは、１９６０年代から70年代の日本人もしていたことです。貧しかった国が急激に発展すると、それに見合ったマナーが追いつかない。これは万国共通です。「中国人ときたら……」という批判は当たらないのです。

中国は儒教の国だったはず。礼儀を重んじる儒教思想が、なぜ今の中国の人たちから感じることができないのか。それは、伝統的な儒教思想が徹底的に破壊された過去があるからなのです。伝統思想がなぜ破壊されてしまったのか、その経緯を知ると、驚くことばかりです。

それにしても、中国がここまで発展してきたのは、どうしてなのでしょうか。

そこには、「建国の父」と呼ばれる毛沢東が滅茶苦茶にしてしまった国を立て直した鄧小平という人物がいたからです。

その国を理解するには、少し前の歴史を知る必要があります。この本では、今の中国が成立してからこれまでの歴史を振り返っています。

隣の国だから無関心ではいられない

現代中国の習近平国家主席の世代は、若い頃、そんな動乱の中で翻弄されてきました。今の中国の指導者たちが極めてしたたかなのは、その経験があるからなのです。

習近平国家主席は、同時に中国共産党総書記でもあります。共産党のトップである総書記が、国家のトップである国家主席も兼務する。これが中国の仕組みです。なぜか。それは中国が中国共産党の事実上の一党独裁になっているからなのです。共産党は、巨大な中国を、どのように動かしているのか。その仕組みを知れば、今の中国が理解できるようになります。政府の発言の裏には共産党の思惑がある。これが中国です。

私たちが「中国」と呼ぶのは、中国大陸にある中華人民共和国のことですね。それでは、台湾にある「中華民国」は、どんな存在なのでしょうか。さらに香港とマカオは、中国の中でどんな位置にあるのか。こうしたことも、中国の歴史を知ればわかってきます。

大陸の中国はとかく「反日」の発言をしますが、台湾の人たちは親日で、日本が大好き。どうしてそんな違いがあるかも、歴史を知ると理解できるのです。

台湾では、若者たちが立ち上がった「ひまわり運動」という政治運動が成功しました。それが、その後の台湾の政権交代につながりました。

一方、その運動に影響された香港の若者たちの「雨傘運動」は、挫折を余儀なくされました。どうして違いが生じたのでしょうか。そこには台湾と香港の置かれた立場の違いがあります。香港の若者たちの挫折感と焦燥感は、日本の若者たちにはピンとこないかもしれませんが、この思いは、やがて香港の次の政治運動につながっていくはずです。

急激な経済成長を遂げてきた中国は、ここに来て成長にブレーキがかかり、不景気に苦しんでいます。急激に成長すると、まるで階段の踊り場のように、上に進めなくなる段階を迎える。これが「中進国の罠」と呼ばれる現象です。中国は今、まさにこの「罠」に陥っています。これもまた、かつて日本が経験したことでした。

中国は、これからどこに向かおうとしているのか。日本のお隣の国だから、無関心ではいられないのです。中国を知るために、この本がお役に立てれば幸いです。

この本のシリーズは、私が各地の学校で生徒さんを前に授業した内容がもとになっています。今回は、東京都立桜修館中等教育学校のみなさんと共に中国について考えてきました。読者のあなたも、桜修館の生徒と一緒になって読んでいただければ幸いです。

2016年10月

ジャーナリスト・名城大学教授・東京工業大学特命教授　池上　彰

目次

池上彰の世界の見方 中国・香港・台湾

分断か融合か

はじめに　3

第1章 「分断の歴史」から見る中国、台湾、香港　13

近くて遠い国、中国／「省」「市」「自治区」はどう違うのか／台湾は、日本が初めて得た植民地だった／日本は超一級の人材を送り込んだ／第二次世界大戦が台湾の運命を変えた／台湾の人たちは国民党軍の振る舞いに驚いた／ふたつの中国。本当の中国はどちらだ／「母語は日本語、母国語は中国語」／アヘン戦争に敗れ、香港はイギリスの植民地になった／返還のキーワードは「一国二制度」

第2章 「共産党による独裁」から見る中国　55

憲法の上に、共産党が存在する／13億人の舵を取るリーダーはどう選ばれるのか／政治も経済も教育も、すべて共産党が支配する／大学生の間で、民主化運動が広がっていった／天安門広場で、学生と戦車が向かい合った／反日感情を植えつけた「愛国教

育」／一党独裁の○と×

第3章 「中進国の罠」から見る中国 87

中国は「中進国の罠」に陥った／中国は「中進国の罠」から抜け出せるのか／共産主義と社会主義の違いは何か／中国はソ連をお手本にして生まれた／ソ連の農業集団化は失敗した／イギリスを追い越せ「大躍進政策」／失敗したのに、大成功と宣伝した／それでも毛沢東は権力を維持した／鄧小平の「改革開放政策」で中国は復活／リーダーに翻弄される中国／中国と一体化する台湾経済／中国返還でマカオのカジノが変わった

第4章 「破壊された文化」から見る中国 129

メイド・イン・ジャパンは粗悪品の代名詞だった／東京オリンピックでマナーが向上／「文化大革命」で中国人の道徳観が破壊された／紅衛兵たちが、歴史的遺産を破壊した／「四人組」が権力を握った／中国の「失われた世代」とは／用済みになった紅衛兵

は農村に追いやられた／「ひとりっ子政策」が残したもの／とてつもない少子高齢化に怯える中国

第5章 「ひまわり&雨傘」から見る中国、台湾、香港 167

サイバーポリスがネットを監視する／情報を規制すると、国民の気持ちがわからなくなる／「ひまわり運動」が「雨傘運動」のきっかけだった／香港で脅かされる言論の自由／中国では、「ジャスミン革命」は起こらなかった／中国にはアルジャジーラがなかった

第6章 「外交戦略」から見る中国、台湾 193

中国にも大航海時代があった／明時代の栄光よ、再び／中国が南シナ海を埋め立てる本当の理由／台湾は独立するのか？／民族問題が中国の火種に／国の豊かさが、戦争を抑止する

中国、台湾の地域別人口密度 228
中国、台湾の少数民族分布 229
中国、香港、台湾略年表 230

おわりに 234

第1章

「分断の歴史」から見る中国、台湾、香港

近くて遠い国、中国

中国は日本とは関係の深い隣国であり、今やアメリカに匹敵するほど、世界に対して影響力を持つ大国です。21世紀の世界は、中国を中心に回っていくといっても過言ではありません。

日本の歴史も、中国を抜きにして語ることはできません。たとえば、私たちが今使っている文字。日本には、中国から漢字が伝わってくるまで文字がありませんでした。「大和(やまと)言葉」と呼ばれる自分たちの言葉を文字にして記録することができるようになったのは、中国から来た漢字のおかげなのです。日本は、漢字をもとに、ひらがなやカタカナを編み出しました。

仏教も中国を通って日本に伝来しました。仏教は、紀元前5世紀頃、古代インド（現在のネパールのあたり）で生まれました。その仏教が、中国に渡ることで、すっかり中国風の仏教に変わり、朝鮮半島を通って日本に伝来したのです。

たとえば、仏教は元来、お墓をつくりません。お墓をつくったり、ご先祖様を敬ったりするようになるのは中国に伝わってからで、日本もそうなりました。さらに、日本では、お坊さんが結婚をしてもいいということになりました。そんな話をチベットや東南アジアの仏教徒にすると、とても驚きます。お坊さんは、仏に仕える身。生涯独身を貫きます。

こういうふうに歴史をひもといてみると、日本と中国は切っても切れない関係であることがわかります。日本は中国の影響を受けつつも、それを自分たちなりに消化して独自の発展を遂げてきたのですね。

それでは、そもそも中国ってどんな国なのかということを考えていきましょう。

Q 本題に入る前に、まず、みなさんが中国に対してどんなイメージを持っているのか聞かせてください。

――高層ビルが建ち並んでいて、ネオンライトで街中がキラキラしている。

それは、上海（シャンハイ）のイメージかな。

――お金持ちと貧しい人の差が激しい。

中国は急激に成長したので、都市部と農村部の大きな収入格差が問題になっていますね。

――人口がとても多い。

中国の人口は現在世界一で、約13億7000万人だといわれています。実際は、もっと多いのではないかという説もありますが（笑）。

――**いろんな民族がいる。**

よく知っているね。いくつの民族がいるか知っていますか？

――**わからないです（笑）。**

中国では漢民族が90％以上を占めていますが、それ以外に55の民族が住んでいるんです。ひとつの国に56もの民族が一緒にいる。民族間の紛争も起こりやすいということです。

――**ひとりっ子が、すごい権力を握っている……。**

権力？　あ、そうか。ひとりっ子が家庭の中で、わがまま放題というやつですね。これは現在の中国で大きな問題になっていることです。「ひとりっ子政策」（4章p155）のところで詳しく話しましょう。

――**昔から日本と戦争してきました。**

そうだね。日清戦争や日中戦争など、日本と中国の間には延々と戦争の歴史があります。2003年頃から起こり始めた中国の反日運動も、こういった悲しい戦争が背景のひとつになっています。日本と中国は、お互いに近いけれど遠い国、という印象を抱いているのかもしれません。

「省」「市」「自治区」はどう違うのか

では、ここで、中国の地図（p18地図①）を見てみましょう。現在の中国、正式には中華人民共和国の地図です。地図を見ると、政治状況などもわかるんですよ。

Q さあ、この地図をよく見て、何か気づいたことがあったら教えてください。

――河北省や北京市、内モンゴル自治区など、いろんな呼び名がついています。

いいところに目をつけたね。まず、「省」と「市」について説明しましょう。中国の「省」は、日本の都道府県にあたります。そして「市」は、日本でいう政令指定都市のようなものです。たとえば、横浜市や川崎市が政令指定都市です。いずれも神奈川県の中にある市ですが、都道府県と同じくらいの権限が与えられています。北京市、天津市、上海市、重慶市の四つは、政府の直轄市として特別に重要な都市として位置づけられているのです。

ロシア連邦
黒竜江省
ハルビン
長春
吉林省
内モンゴル自治区
瀋陽
遼寧省
北朝鮮
日本
フフホト
北京市
天津市
河北省
太原
石家荘
済南
山西省
山東省
大韓民国
西安
鄭州
江蘇省
河南省
合肥
南京
上海市
湖北省
安徽省
武漢
杭州
南昌
浙江省
長沙
湖南省
江西省
福州
福建省
台北
台湾
広東省
広州
マカオ
香港
海口
フィリピン
台湾
福州
馬祖島
福建省
台北
厦門
金門島
台湾
高雄
0
200km

地図①—中国、香港、台湾地図

Q では「自治区」って、何だろう。さぁ、わかる人？

――**ウイグル族やチベット族など、少数民族による自治が認められている地域。**

正解です。現在中国には、新疆ウイグル自治区、チベット自治区、寧夏回族自治区、広西チワン族自治区、内モンゴル自治区、合計五つの自治区があります。

中国政府としては、漢民族以外の55の民族も大切にします、という姿勢で国家運営にあたっています。その中でも、人数の多い民族に関しては自治を認めましょう、と制定したのが自治区です。

自治区のトップには、必ずその民族の出身者を置くことになっています。しかしそれは建前で、ナンバーツーには必ず漢民族の中国共産党員を置き、その地域を実質的にコントロールしているのです。

Q ほかに気づいたことは、ありませんか？

――**？？**

では、台湾、香港、マカオを見てください。この三つの地域には、省や市や自治区という呼び名がついていませんね。それはなぜか。

日本の外務省のホームページを見ると、台湾、香港、マカオは、北朝鮮やパレスチナ自治政府、南極、北極と並んで「その他の地域」に区分されています。

「その他の地域」とは、どういう意味でしょう。実は、公式には日本が国として認めていない、という地域なのです。えーっ、と思うかな。台湾や香港は、観光やビジネスで馴染みの深い場所なのに、と不思議に思うよね。

台湾と香港は、オリンピックに独自の選手団を出しています。台湾の選手団が掲げるプラカードの名称は、チャイニーズタイペイ（Chinese Taipei）。チャイナ（China）ではありません。なぜチャイナではなくチャイニーズタイペイなのか。チャイニーズタイペイって、どういう意味なのでしょう。

香港とマカオは、「特別行政区」です。中国の一部ではあるけれど、高度な自治が認められている特別な地域。高度な自治とはどんなことかというと、独自の法律を持ち、通貨やパスポートの発行が認められています。なぜ、そんなことが認められているのでしょう。

中国だけど、中国じゃない。中国と台湾、香港、マカオの関係は、どうしてそうなったのか。そこには、現在の中国及びアジアを読み解くうえで重要な歴史がありました。

台湾は、日本が初めて得た植民地だった

１９８０年代のことですが、日本からの観光客を台湾へ誘致するための広告に、「初めてなのに、懐かしい」というキャッチフレーズが使われていたと記憶しています。私が初めて台湾を旅した時、まさにそのキャッチフレーズどおり、これはどこかで見た風景だ。ここは私の子どもの頃の日本ではないか。そう錯覚するほど、懐かしい思いを抱きました。

なぜ、そういう印象を持ったのか。その背景には、日本が台湾を統治していた歴史があったからなのです。１８９４（明治27）年から95年にかけて、日本と中国（当時は清（シン）という国でした）の間で、朝鮮半島をめぐる勢力争いをきっかけに日清戦争が起こりました。この戦争は日本が勝利し、95年に下関条約（日清講和条約）が結ばれます。

昔の戦争では、敗戦国が戦勝国に対して賠償金や領土を渡すものでした。戦争に敗れた清は、日本に対して大量の銀を支払いました。その銀を元手につくられたのが、日本銀行。今の日銀の基礎は日清戦争の勝利によってつくられたのです。

さらに、遼東（りょうとう）半島や台湾を日本に割譲。つまり台湾は日本の統治下に置かれることになったのです（図表①）。当時の台湾は、中国本土の清王朝からは「化外（けがい）の地」（統治の中心か

図表①—**日清戦争後の動き**

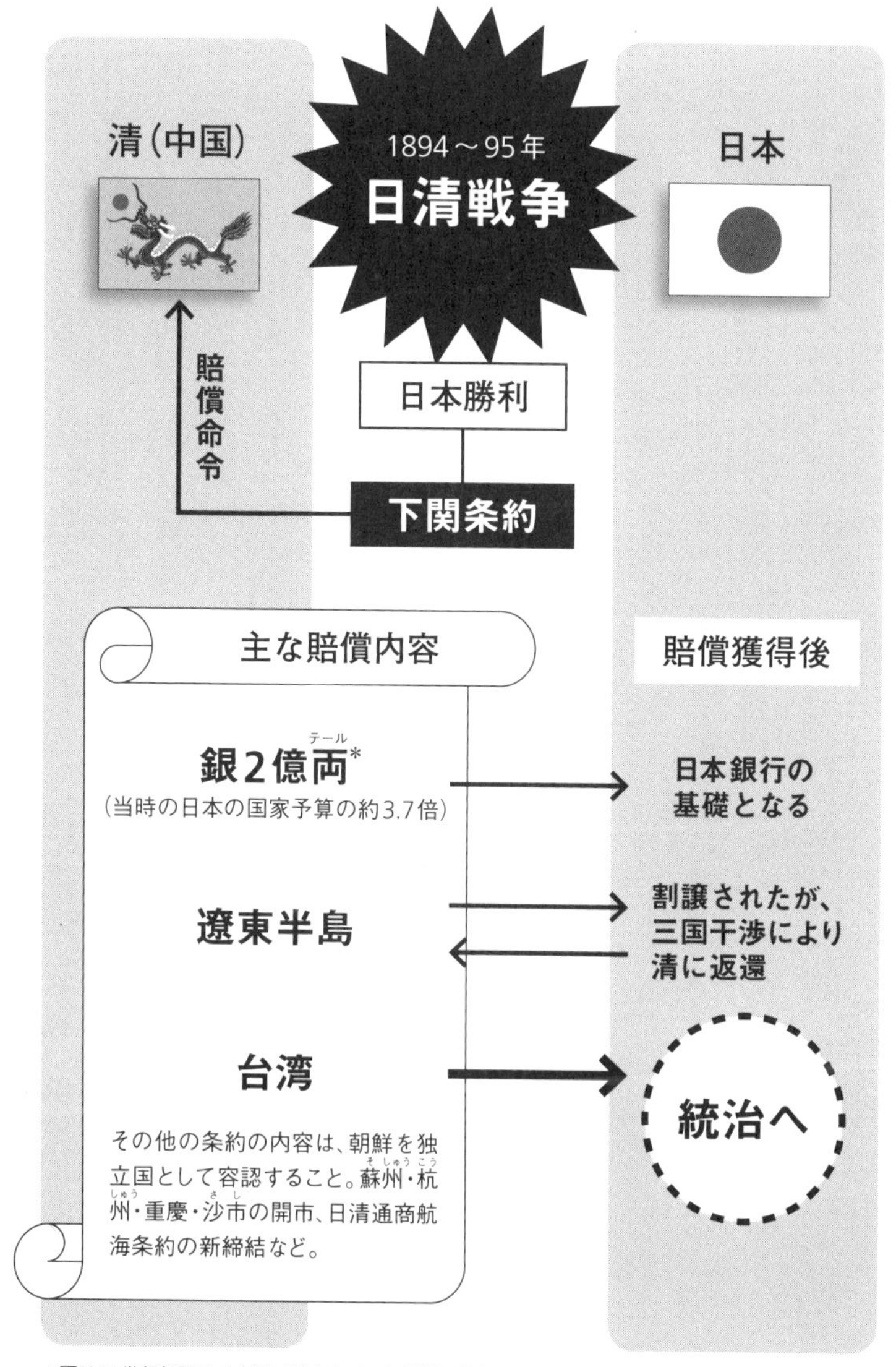

＊両は20世紀初頭まで中国で使われていた銀貨の単位。1両は約37グラム。

ら離れ、文化の及ばない地）と呼ばれていました。

台湾は、北部は亜熱帯、南部は熱帯気候です。暑くて、じめじめしていて不衛生。いろんな病気も発生する。とても人の住むようなところではない。つまり、清が統治するまでもない僻地（へきち）だと考えられていたのです。

実際は台湾には、たくさんの先住民がいたのですが……。清にとっては、そんな「化外の地」を日本にくれてやっても、全然痛くもかゆくもない。

一方、日本にしてみれば、初めて手にした植民地です。当時は、ヨーロッパ諸国やアメリカが世界中に植民地を獲得し、領土を拡大しようとしていた帝国主義の時代です。

200年以上続いた鎖国も解け、明治維新が起こり、ようやく世界に打って出たばかりの日本にしてみれば、ヨーロッパ諸国のように植民地が欲しいと思っていたところ、やっと台湾を植民地にすることができた。日本が初めて獲得した海外の領土だ。ここを完全に日本化し、発展させようと考えたんですね。

余談になりますが、植民地支配、つまり植民地をどのように統治するか、その方法はそれぞれの国によって、ずいぶん差がありました。

イギリスは、本国から人材を派遣して統治するのではなく、植民地の中で優秀な人材を育てようと考えました。それぞれの植民地にしっかりとした高等教育機関、つまり大学をつくり、卒業生をエリート官僚として育て、植民地を治めようとしたのです。イギリスの植民地だったケニアにはナイロビ大学、イラクにはバグダッド大学、スーダンにはハルツーム大学など、現在まで続く優秀な大学があります。第二次世界大戦後イギリスから独立した国々は、高等教育を受けた人材がそろっていたので、国づくりが比較的うまくいっています。

では、フランスはどうだったのか。フランスは植民地に、大学をつくりませんでした。その国の優秀な人材をフランスに連れてきて、フランスの大学で教育を行い、すっかりフランス人にしてから植民地に戻すというやり方をとりました。

フランスから独立したアルジェリア、チュニジア、マリなどには、植民地時代にフランスで教育を受けた優秀な人材は残っていました。しかし自国に大学がなかったので、独立後は国を動かす人材を育てるのに大変苦労しています。

植民地政策で最もひどかったのが、ポルトガルです。アフリカでは、アンゴラとモザンビーク、東南アジアではインドネシアのすぐ東側の東ティモール、そしてブラジルなどがポルトガルの植民地でした。ポルトガルは、植民地からさまざまな資源を収奪していくだけで、その国の人材を育成しようとしなかったのです。

やがてポルトガル本国で社会主義革命が起き、植民地をすべて放棄しました。ポルトガルの植民地だった国は、国づくりをする人材がいないまま、突然放り出され、大混乱することになります。

モザンビークに行った時に、「もちろん、植民地なんかになりたくない。でも、どうせ植民地にされるんだったら、イギリスの方がよかった。英語を学んでいたら、世界で活躍できるようになったのに」という話を聞きました。

台湾の話からずいぶん脱線してしまいましたが、かつて、どの国にどのような植民地統治をされたかによって、その後の国の運命が大きく変わってしまった、ということなんですね。

日本は超一級の人材を送り込んだ

それでは、日本はどのようにして台湾の植民地統治を行ったのでしょう。台湾は日本にとって初めて得た海外領土です。全力をあげて台湾の近代化を進めました。その一方で、徹底的に日本人化を進めます。「あなたたちは今日から日本人なので、日本語をしゃべりなさい」と。いきなりよその国の人が来て、しゃべったこともない日本語を使えと命令されたのですから、当然反発が起きました。

日本の統治に対して起こった反対運動を、日本軍は徹底的に弾圧しました。抵抗し殺害された住民の数は1万4000人ともいわれています。日本と台湾の間には、そういう残酷な歴史もあるのです。

――ということは、台湾の人は日本人を嫌っているのでしょうか？

いい質問ですね。ここまでの話を聞いていると、台湾には反日感情がくすぶっていてもおかしくないと思いますよね。でも、台湾の人たちは日本人に対してとても友好的です。年配の方の中には、日本語で話しかけてくる人もいます。

恨まれても仕方のない歴史があるのに、なぜ？　そのヒントのひとつを、台湾の高校の教科書の中に発見しました。そこには、日本に統治されていた時代の出来事が、客観的にそして冷静に記述されています。日本が台湾の人々に対して行った残虐な事実はもちろんですが、日本に統治されてよかったこともちゃんと書かれています。

当時、台湾にめぼしい産業は何もありませんでした。熱帯のじっとりまとわりつくような気候と、決して清潔とはいえない環境のせいで、病気も蔓延していました。

初の植民地支配を成功させて、列強と肩を並べたい。明治政府は、台湾を文明化しようと総督府をつくり、植民地支配に乗り出します。後に東京市長になる後藤新平（1857～1929年　p28写真①）や新渡戸稲造（1862～1933年　p28写真②）をはじめ、超一級の人材を台湾総督府に送り込んだのです。

それまで読み書きのできなかった台湾の人たちに、徹底した日本語教育を行いました。台湾の人たちは、日本語を学ぶことで世界の情報に接し、近代的な知識を身につけることができるようになりました。

台北（たいほく）帝国大学をつくり、教育レベルの向上に努め、知識層の育成にも力を入れました。また医療制度も整備し、食事の前の手洗いや入浴の習慣、地域の清掃など、公衆衛生に対する意識も高めました。

なかでも八田與一（はったよいち）（１８８６～１９４２年 写真③）は、台湾を救った日本人として教科書の中で大きく紹介されています。水利技術者だった八田與一は、農業の生産性を高めるための灌漑（かんがい）事業や水力発電用のダム建設を

写真①—後藤新平｜写真提供：時事

写真②—新渡戸稲造｜写真提供：共同通信社

写真③―台湾の発展に寄与した八田與一｜写真提供：金沢ふるさと偉人館
上／建設中の烏山頭（うさんとう）ダムで監督する八田（写真左上の右側の人物）。
右／晩年の八田與一。左／烏山頭ダム近くにある銅像。

指揮し、台湾の文明化に大きく貢献しました。台湾の台南（たいなん）に行く機会があれば、新幹線の車窓から平原に穀倉地帯が広がっているのが見られます。そのもとを築いたのが八田なのです。

日本による統治時代には悪いこともあったけれど、日本のおかげで台湾の近代化が進み、文化のレベルが上がった。こう学校で習っているので、台湾の人たちは親日的なのです。

第二次世界大戦が台湾の運命を変えた

しかし１９４５年、日本は太平洋戦争に敗れ、１９５１年に締結されたサンフランシスコ講和条約によって、それまでに獲得した海外の領土はすべて放棄することになります。台湾からも撤退しました。

ここで少しだけ時計の針を戻して、日本が台湾を統治し始めた頃の中国本土の様子を見てみましょう。中国大陸は清の時代です。

Q 清の時代の中国はどんな国だったでしょう?

——皇帝が支配している国。

そうだね、清は皇帝が支配する国、君主制国家でした。しかしヨーロッパの列強の干渉を受け続け、さらに日清戦争に敗れたことで弱体化が進みます。

清の最後の皇帝・溥儀の生涯は『ラストエンペラー』という有名な映画にもなっているので、見たことがある人もいるでしょう。

皇帝による君主制を打倒し、民主国家の成立を目指していた1911年に、孫文（1866〜1925年　写真④）らが起こしたのが辛亥革命です。清は滅び、翌年に中華民国が誕生します。秦の始皇帝から2000年以上続いた皇帝による専制時代に終わりを告げ、民主国家が誕生するはずでした。しかし、中華民国の実権は、北京をおさえた軍閥のリーダー袁世凱が握ることになります。

写真④—孫文｜写真提供：AFP＝時事

写真⑤—蔣介石｜写真提供：Bridgeman Images /時事通信フォト

中華民国の革命派の人たちは、中国国民党に結集し民主化運動を展開していきます。しかし、国民党は中国全土を統治するだけの力を持つことができず、孫文の死後は各地に点在する軍閥が勢力を争う混乱期に入っていきます。

一方で、ソ連のコミンテルン（世界共産党）の指導のもと、中国共産党が誕生します。一時は国民党と共産党が手を組んで（第一次国共合作）、中国大陸を平定し、新しい時代をつくろうとしますがうまくいかず、国民党と共産党は対立するようになります。

孫文の死後、蔣介石（しょうかいせき）（1887〜1975年 p31写真⑤）を総司令官とする国民党は、有力な軍閥と手を組み、1928年に南京（ナンキン）を首都として一応の全国統一を成し遂げます。国民党は孫文が組織した時には、民主国家を目指していたはずです。しかし、そこに誕生したのは国民党の一党独裁政権でした。

いつの時代も独裁政権は腐敗を呼びます。国民党も例に漏れず、幹部たちの腐敗のひどさに、次第に国民からの支持を失っていきます。

その頃、国民党の後塵（こうじん）を拝していた共産党に強力なリーダーが誕生します。毛沢東（もうたくとう）（1893〜1976年）です。現在の中国は、毛沢東の功罪を抜きに語ることはできません。功罪の中身については、第3章で詳しくお話しすることにします。

共産党軍は、都市部で武装蜂起しますが失敗します。そこで毛沢東は人口の圧倒的多数を占める農村部に目をつけ、次第に力をつけていきます。

そんな時に勃発したのが、日中戦争、第二次世界大戦です。国民党と共産党は手を組んで日本軍に抗戦します（第二次国共合作）。勢力の強い国民党軍を前線で戦わせ、共産党軍は後方から支援しました。しかし第二次世界大戦後、再び国民党と共産党の内紛が起こります。

国民党の軍隊は、最前線で戦い続けたため疲弊していました。毛沢東の共産党は、ソ連軍から大量の武器を調達し、国民党を圧倒するようになります。

また、地主から土地を取り上げて農民に分配したため、農村部では共産党に対する支持も大きくなっていきました。

台湾の人たちは国民党軍の振る舞いに驚いた

共産党軍の攻勢を受け、国民党軍は台湾に逃れ始めました。鍋釜を下げ、ぼろぼろの服を着た国民党の兵士たちが、ぞろぞろやってきたのですから、台湾の人たちはこれが祖国中国の姿かと愕然とします。

当時の国民党は本当に腐敗しきっていて、自分のものと公のもの、公私の区別がまったくつかなくなっていました。

日本は台湾総督府に優秀な人材を送り込んでいたので、役人たちは清廉でした。台湾を返還するにあたって几帳面に財産目録をつくり、国民党の担当者に渡しました。ところが受け取った国民党の担当者は、それを全部自分のものにしてしまいます。平気で横領するのです。「何なんだ、国民党の腐敗しきった役人たちは」と、台湾の人たちは驚きました。日本が文明化を進めた台湾は、日本と同じようにアジアで最も発展していました。国民党の兵士たちは、中国大陸の非常に貧しい地域の出身者が多く、台湾で見るものすべてが珍しかったのです。

台湾には、すでにデパートがありました。デパートには、エレベーターが設置されています。国民党の兵士たちは、エレベーターを見るのはもちろん初めて。エレベーターが上がったり下がったりするのを一日中眺めていたという目撃談も残っています。

自転車も見たことがありませんでした。自転車を盗んだ兵士が、乗り方がわからずに転倒する姿を、台湾の人たちが笑って見ていたという話もあります。

さらに、水道の蛇口を見て、国民党の兵士たちは感激しました。蛇口をひねると水が出る。台湾にはなんと便利なものがあるのだろう、と。そこで、兵士たちは金物屋に蛇口を買いに行きます。

蛇口を買って帰り、家の壁に取り付ける。しかし、蛇口をひねっても水が出ない。「不良品を売りつけやがった」と、金物屋に怒鳴り込んできたという、笑い話のような実話もあります。国民党の兵士たちは、水道というものを知らなかったのですね。

台湾の人たちは、日本による教育を受けていたので読み書きができます。しかし国民党の兵士たちは、読み書きができません。台湾の人たちにとって、大陸からやってきた国民党の兵士たちは、まったく尊敬に値しない存在でした。

１９４７年2月28日に、ある事件が起きます。台湾の台北で闇タバコを売っていたおばあさんがいました。タバコは国家の専売品、つまり国だけが販売することができる商品です。

国民党の警察官は、おばあさんの違法行為を取り締まろうとして、タバコを取り上げました。「私の商売道具だから、タバコを取り上げないで」と、おばあさんは警察官にすがります。

すると、警察官はおばあさんを殴り倒しました。たまたまそこを通りかかった台湾の人が、何てひどいことをするんだと警察官に抗議したところ、警察官は銃を抜き、抗議した通行人を射殺したのです。

その様子を周りで見ていた人たちは驚きました。この事件をきっかけに、台湾全土で国民党に対する反対運動が起こるようになります。

台湾の人たちの怒りを買ってしまった国民党は、台湾の人たちと話し合いの場を設け、時間稼ぎをしながら、中国大陸に助けを求めます。大陸から多数の国民党軍が駆けつけてきて、反政府勢力を一掃するという大量虐殺がここから始まりました。

大量虐殺が行われたのは3月になってからですが、反対運動が起こるきっかけになった事件の2月28日にちなんで「二・二八事件」と呼ばれています。

では、「二・二八事件」で、いったいどれほどたくさんの人が虐殺されたのでしょう。国民党が台湾を統治している間は、事件に触れること自体タブーでした。公表することもなかったので、大量虐殺の実態は一切わかりませんでした。

やがて、台湾の民主化を成し遂げた李登輝総統の時代（在任期間１９８８～２０００年）に、詳しい調査が行われました。その結果、現在の正式発表では、2万８０００人の台湾の人たちが国民党軍によって虐殺されたと報告されています。本当はもっと多かったのではないかともいわれていますが、少なくとも2万８０００人は殺されたということです。

Q ここで、質問です。国民党軍の人も、台湾の人も同じ中華民族です。みんな同じような顔をしています。抵抗運動をしていた時に、台湾の人たちは敵と味方を見分けるために、ある方法をとりました。それはどんな方法でしょう？

――日本語で呼びかけた。

そのとおりです。台湾の人たちは、日本の教育によって日本語を話すことができるようになっていましたからね。日本語がすぐに理解できれば、あなたは仲間だと、安心できるわけです。国民党による忌まわしい事件の影響もあって、台湾の人たちの中に日本語に対する愛着が生まれたのでしょう。

台湾の人たちにしてみれば、植民地時代の日本に対する憎しみも当然ありましたが、その後にやってきた国民党があまりにもひどかった。それが結果的に、日本統治時代はよかったという、郷愁につながっていったのです

図表②―**統治者に翻弄される台湾**

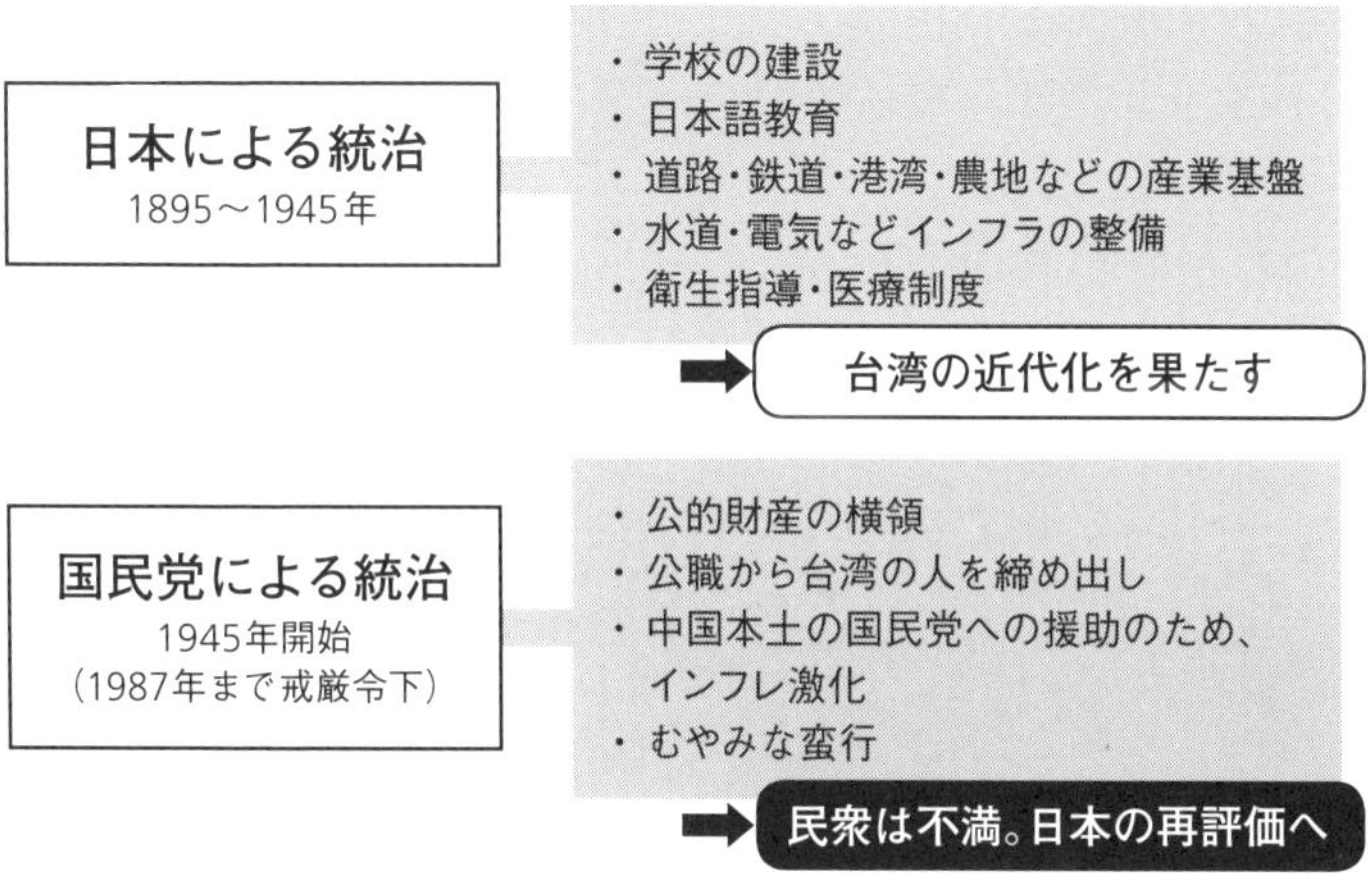

日本による統治 1895～1945年	・学校の建設 ・日本語教育 ・道路・鉄道・港湾・農地などの産業基盤 ・水道・電気などインフラの整備 ・衛生指導・医療制度 ➡ 台湾の近代化を果たす
国民党による統治 1945年開始 （1987年まで戒厳令下）	・公的財産の横領 ・公職から台湾の人を締め出し ・中国本土の国民党への援助のため、インフレ激化 ・むやみな蛮行 ➡ 民衆は不満。日本の再評価へ

（p37図表②）。

当時、台湾の人たちは、「イヌが去って、ブタが来た」と評しました。イヌ、つまり日本軍はいろんなことに口を出す。吠えてうるさい。嫌だけど、少なくとも番犬の役割は果たし、自分たちを守ってくれた。

しかし、その後にやってきたブタ、国民党軍は、むさぼるばかりで何もしてくれない。非常に差別的な発言ですが、歴史的な言葉として残っているので、あえて紹介しておきます。

「二・二八事件」は、その後の台湾に大きな影響を与えます。日本占領下で教育を受けた多くの知識層も殺害されたのです。彼らは台湾の将来を担っていくべき優秀な人材でした。台湾の国づくりにとっては大打撃です。結局、その後、国民党の軍事独裁政権が続くことになります。

ふたつの中国。本当の中国はどちらだ

１９４９年1月、共産党が国民党との争いに勝利します。敗れた国民党は中国大陸にいることができなくなりました。逃げる場所は、台湾しかありません。一挙に１００万人も

の国民党軍が大陸から台湾に逃げ込んできました。

共産党が統治をしている大陸では、１９４９年10月に中華人民共和国が建国されました。一方、台湾に渡った国民党はそのまま中華民国を名乗り続けます。大陸には中華人民共和国、台湾には中華民国。さあ、本当の中国はどっちなんだ、という問題がここから起こります。

台湾の中華民国のトップである蔣介石は、もう一度、大陸を取り戻すことを夢見ていました。再び大陸に攻め込んで、共産党を倒し、中華民国を再建するんだと。

一方、中国共産党は、中国全土を支配してこそ、初めて中華人民共和国の統一が成し遂げられると考えています。つまり台湾を中華人民共和国のものにして初めて中国の統一が達成されるわけです。中華人民共和国ができて以来、中国共産党はいずれ台湾を手に入れるぞ、という固い決意を現在まで持ち続けているのです。

第二次世界大戦が終わった後、１９４５年に国際連合が発足します。戦争に勝った連合国側のアメリカ、イギリス、ソ連など５か国が常任理事国となりました。中国も常任理事国です。しかし国連ができた時、中国はまだ中華民国が統治していました。ですから、中華人民共和国が誕生した後も、国連に加盟しているのは台湾の中華民国という状態が続いていました。

大陸の中華人民共和国のほうが圧倒的に人口は多い。台湾しか統治していない中華民国を中国の代表にし続けることには、国際的に無理があります。1971年に国連総会の決議で、中国の代表は中華人民共和国に変更されました。

中華民国はその決定を不服とし、国連を脱退します。以降、台湾の中華民国は国際的には認められないまま存在しています。中国の代表が中華人民共和国になるまで、台湾は英語で Republic of China の名称でしたが、国連脱退以降は Chinese exile government in Taipei（台北に存在する中国亡命政府）となり、略して Chinese Taipeiとなっています。

リオデジャネイロ・オリンピックの開会式（写真⑥）で、日本のメディアは「205の国

写真⑥—リオデジャネイロ・オリンピックでの台湾選手団｜写真提供：AFP＝時事
プラカードの「TAIPÉ CHINESA」は、チャイニーズ・タイペイのポルトガル語表記です。

と地域」が参加していますと報道しました。その「地域」のひとつは、台湾のことを指している、というわけです。

第二次世界大戦後、日本も中国との間に日華平和条約を結びます。その相手は中華民国でした。しかし、やはり中国を代表するのは中華人民共和国だろうということになり、1972年に日本は当時の田中角栄首相が、中華人民共和国との間で国交を正常化します。

それまで日本は台湾、つまり中華民国ととても仲がよかったわけです。それを捨てて、中華人民共和国と国交を結ぶとなると、非常に難しい立場になります。

中華人民共和国にしてみれば、台湾も自分たちのものだという思いがあります。台湾も含めて中国はひとつだと主張します。しかし、台湾の人たちは、中華民国こそが中国の代表だと言っています。日本は、難しい立場に立たされました。

そこで日本は「中国が台湾は中華人民共和国の不可分の領土であると主張していることを、日本側としては十分理解し、尊重する」という言い方をしました。つまり、日本は、台湾は中華人民共和国の一部だとは認めていないが、中華人民共和国が台湾は中華人民共和国の一部だという主張は理解し、それを尊重します、という非常に微妙な表現をしたのです。

同じ頃、アメリカも中華人民共和国との国交を正常化させました。アメリカはどう対応したのかというと「中華人民共和国が、台湾も中華人民共和国の一部だと主張していることをテイクノート（Take Note）する」と表現しました。

Take Noteは、直訳すると「ノートをとる」という意味になります。中華人民共和国の主張を留意、つまり気に留めておきますということです。アメリカも日本と同様の対応をしたということですね。

しかし世界の国々を見てみると、中国の代表は中華人民共和国だとしている国もあれば、今も中華民国だとしている国もあります。

たとえば、アフリカのほとんどの国には中国大使館があります。日本はとてもアフリカ全部の国に大使館を置くことができません。いくつかの国では、ひとりの外交官が複数の国の大使を兼ねています。

なぜ中国はアフリカ中に大使館をつくっているのか。実は、中国の代表は中華人民共和国だ、いや中華民国だといって、中国と台湾が激しくアフリカの国々の奪い合いをしたのです。

最初は、どの国も中華民国を支持していました。中華民国もアフリカの国々に援助や支援を行っていました。ところが、中華人民共和国が多くの援助をするようになると、アフリカの国々は次々と中華人民共和国のほうになびいていきます。中華人民共和国は、新しく国交を結んだ国に次々と大使館をつくっていき、結果としてアフリカに対し大きな影響力を持つようになったのです。

一方、中華民国を中国の代表として扱っている国では、バチカン市国があります。ヨーロッパでただひとつ、現在も中華人民共和国を国家として認めていません。

なぜか。中華人民共和国とバチカンは中国国内のカトリックの司教の任命権をめぐって長らく対立しているのです。中国政府はバチカンが任命する司教を認めず、中国寄りの独自の司教を任命しています。中国は宗教を否定する共産党の国家。体制を維持するため、宗教に対して強い警戒心を抱いているのです。

しかし、2013年に就任したローマ法王フランシスコは、中国との関係改善に積極的で、16年2月には、香港の英字紙のインタビューで「中国との対話が必要だと考えている」と語り、今後の動向が注目されています。

「母語は日本語、母国語は中国語」

Q中華人民共和国と国交を正常化させた日本は、台湾とはどんな関係に

なったのでしょう。

――今も仲がいいので、国交を結ばないまま仲よくしたのだと思います。

まさに、そういうことなんですね。日本は中華民国を国として認めていないのですから、国交は断絶します。表向き、台湾に日本の大使館はなくなりました。

しかし、日本の企業も台湾に多く進出して、経済交流が続いています。日本と台湾はそれぞれ、大使館とは呼ばないけれど大使館と同じ機能を持つ施設を相手側に置いているのです。建前では国交はありませんが、日本と台湾は自由に行き来ができます。

国連決議によって、国として認められなくなった台湾は国際的に孤立します。1975年に独裁政権を続けていた蒋介石総統が亡くなりました。後を継いだのは息子の蒋経国(しょうけいこく)(1910~88年)。蒋介石の時代は、日本が撤退した後に大陸からやってきた人だけで政治の中枢を占めていました。この人たちは「外省人(がいしょうじん)」と呼ばれました「台湾省の外から来た人」という意味です。「本省人(ほんしょうじん)」と呼ばれるそれ以前から台湾に住んでいた人は、後から来た「外省人」によって支配されていたのです。

ところが、本省人の中から李登輝(1923年~ 写真⑦)という優秀な人材が出てきます。父・蒋介石の独裁路線からの軌道修正をはかった蒋経国は、本省人の李登輝を重用し、後継者に任命します。

そして蔣経国の死後、1988年に李登輝総統が誕生します。それまで外省人に支配されていた台湾に初めて本省人のトップが立った瞬間です。

中華民国総統は、英語に訳すと「プレジデント（President）」つまり、大統領です。しかし大統領と表記すると、中華民国を国家として認めている印象になります。そこで日本では総統という呼称をそのまま使っているのです。

李登輝は、日本が台湾を統治している時代に生まれ育ちました。日本語を徹底的に教育された世代です。李登輝は、「母語は日本語、母国語は中国語」と言っています。

自分の国の言葉、つまり母国語は台湾の中国語です。しかし生まれ育った環境の中で自分が覚えたのは日本語。だから日本語のことを母語だと言ったのです。

李登輝は親日家として有名な人で、京都帝国大学（現在の京都大学）に学んだ経験を持っています。日本語で育った李登輝は、頭の中でまず日本語で考えてから、中国語に翻訳をするというやり方をとっているといいま

写真⑦一李登輝｜写真提供：時事

す。今でも日本から『文藝春秋』と『中央公論』を取り寄せて読んでいるそうです。

国民党による一党独裁の時代の台湾には､言論の自由も表現の自由もありませんでした。政府のやり方を批判すれば、すぐ逮捕される。息苦しい時代でした。

李登輝総統は国民党の一党独裁を改め、台湾の民主化を進めます。国民党以外の党がつくれるようになりました。野党として、民進党（民主進歩党）が誕生。国民党と民進党の二大政党制に移行します。

さらに、台湾総統を国民による直接選挙で選ぶ仕組みに変えました。独裁制から民主制へ。李登輝のもとで、台湾が大きく変わっていったのです。

アヘン戦争に敗れ、香港はイギリスの植民地になった

続いて、香港、マカオの歴史を振り返ってみましょう。香港は１９９７年にイギリスから、マカオは１９９９年にポルトガルから返還され、中国政府から特別行政区に指定されました。

正式には、それぞれ「中華人民共和国香港特別行政区」「中華人民共和国マカオ特別行政区」と呼ばれます。この章の最初に説明したように、特別行政区とは、中国の中にあり

ながら高度な自治が認められている、国に準ずる地域です。

Q 香港はどういう経緯でイギリスに統治されるようになったのでしょう。

――イギリスがアヘン戦争で勝利して、中国から奪いました。

そうですね。18世紀後半、ヨーロッパの列強は、海外に植民地をどんどん増やして、その勢力を競っていました。当然、アジアにも進出してきます。

中国は、清の時代。清は、イギリスとも交易を行い、お茶や磁器などを輸出していました。一方イギリスは、中国に輸出できるものが少なかった。そこで植民地のインドで栽培したアヘンを清に輸出して、貿易の帳尻を合わせようと考えたのです。

アヘンは麻薬です。中毒になるとアヘンがないと生きていけない気持ちになります。清にアヘン中毒者が増えれば増えるほど、イギリスは儲かります。

しかし、アヘン中毒者が増えると、風紀が乱れ、国も荒廃します。清はそんなことは許せないと、アヘンの取り締まりを強化。輸入されるアヘンを押収して全部燃やしてしまいました。

イギリスは怒って、清に攻め込みました。これがアヘン戦争（１８４０～42）です。戦争の結果イギリスは勝利し、香港を奪い取りました。

「イギリスが99年間、香港を租借した」という表現をしますが、事実は少し違います。地図を見てください。

Q 香港はどこでしょう?

――（香港島を指差す）

香港島を香港だと勘違いしている人も多いのではないでしょうか。正確には「九龍半島の一部および香港島とその周辺の島一帯」が香港なのです。

実は、アヘン戦争で最初にイギリスが奪い取ったのは、香港島だけだったのです。香港島はイギリスに対し永久割譲されました。99年間ではなく永久割譲、つまり永遠にイギリスのものになりました。

その後、九龍半島の南部の一部も奪い取りました。ここも永久割譲です。さらに九龍半島の北の部分を99年間租借します（地図②）。ということは、１９９７年に返還の義務があったのは、九龍半島の北の部分と周辺の島々だけだったのです。

Q では、なぜイギリスは、香港全域を返還したのでしょう?

――部分的に返すと、家族や親戚が分断されたり、家は香港なのに職場は中国などというややこしいことが起こるから。

確かに、そういう問題が起こる可能性がありますね。

アヘン戦争で奪い取ったからといって、ここはイギリスのものだ、と主張を続けると、イギリスは今になっても植民地政策をまだ続けるのかと、国際的な反感を買う恐れがあります。

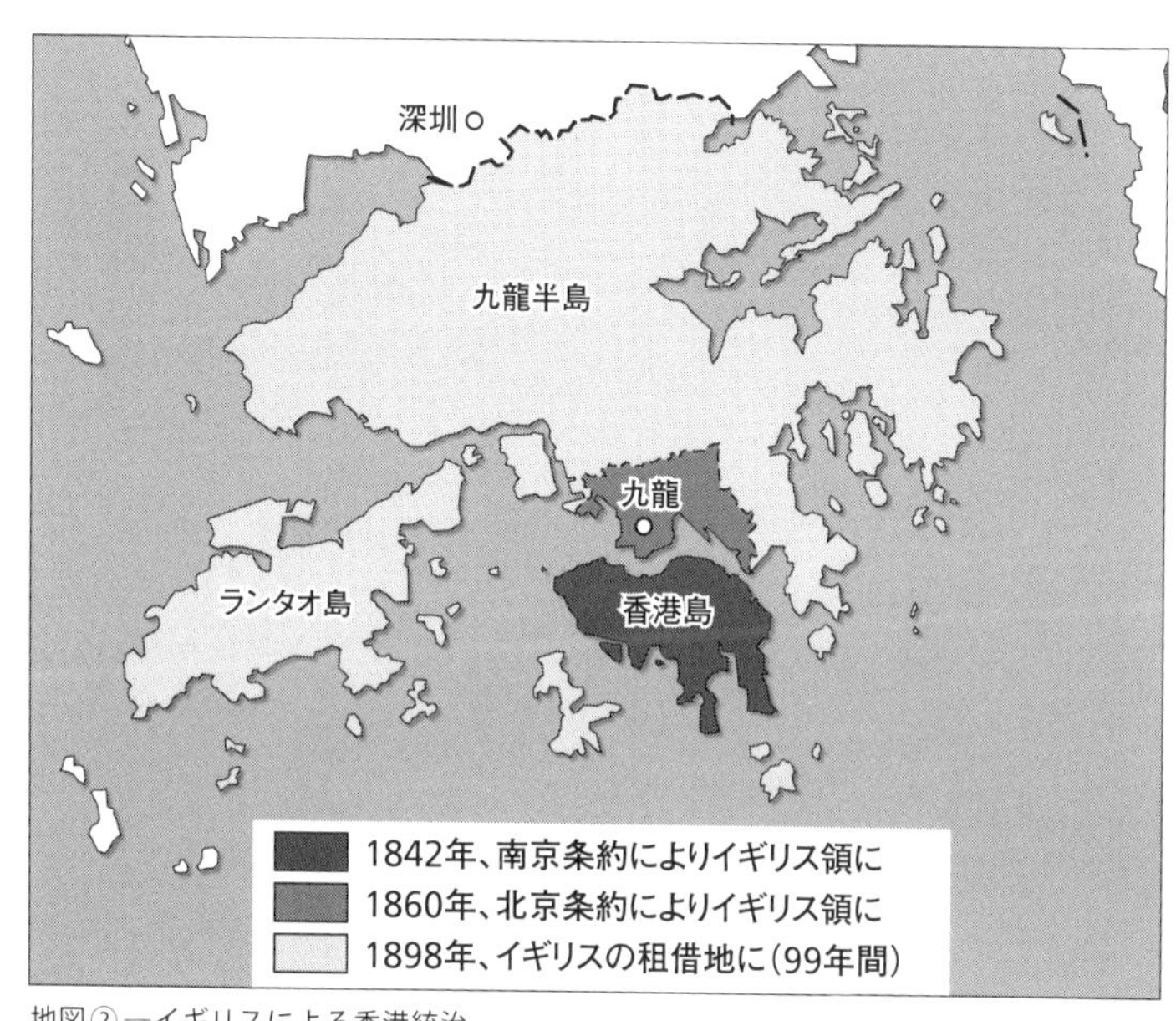

地図②―イギリスによる香港統治

さらに、現実的な問題として、香港島は水も食料もすべて九龍半島に依存しています。もし九龍半島だけ中国に返還され、もう水も食料も売らないと言われたら、香港島の人たちは生活ができなくなってしまう。そういう理由もあって、香港全部を中国に返還することになりました。

マカオには、16世紀、明の時代からポルトガル人が住んでいました。大航海時代、世界有数の海洋王国だったポルトガルは、明王朝との交易を通じ、マカオの居留権を得ていたのです。ただし、この時はあくまでポルトガル人はマカオに住んでもいいよというだけで、領有権は明にありました。しかし、アヘン戦争でイギリスが香港を獲得したことに刺激を受け、１８４５年ポルトガル軍もマカオを占領。１８８７年に正式に統治権を獲得します。

しかしポルトガルでは社会主義革命が起き、１９７４年にすべての植民地を放棄することになります。１９７６年にマカオは行政や経済の自治が認められ、１９９９年に、ポルトガルから中国に返還されました。ポルトガルの植民地放棄から、マカオが正式に返還されるまでに20年以上の時間がかかったのは、まだイギリスの統治下にあった香港の動揺を中国が警戒したからだともいわれています。

返還のキーワードは「一国二制度」

香港やマカオが返還された時に、中国が採用したのが「一国二制度」です。香港はイギリス、マカオはポルトガルの植民地で、それぞれ資本主義経済のもと、独自の発展を遂げていました。

一方、中国大陸は共産党が統治している国。中国に返還され社会主義に組み込まれたら、自由な経済活動ができなくなってしまう。香港やマカオの人たちはもちろん、香港やマカオと経済的なつながりのある世界中の人たちも心配しました。

また、イギリスの植民地のもとで、香港は言論の自由、表現の自由が保障されていました。何でも言いたいことを言える。中国共産党の悪口を言っても捕まることはありません。しかし、中国に返還されたら、表現の自由もなくなるのではないか、と香港の人たちは恐れました。

中国への返還時期が迫ってくると、カナダやオーストラリア、ニュージーランドの国籍をとって、香港から逃げ出す人たちも出てきました。香港はビジネスと観光、マカオはカジノで海外から多くの資金を獲得しています。その地域の経済活動が縮小したら、中国としても困ります。

そこで編み出したのが「一国二制度」。香港もマカオも、中国に返還されますが、50年間は資本主義経済を続けてもいい。言論の自由、表現の自由も認めます（図表③）。だから安心してください、というわけです。中国はひとつの国の中で、ふたつの制度（社会主義と資本主義）が併存する「一国二制度」をとることで、大きな問題を起こすことなく香港とマカオの返還を実現させました。

中国に返還された香港には、中国の軍隊、人民解放軍がやってきました。国防については、中国が責任を持ちますという意思表示です。外交も中国にまかせてください。それ以外は、香港で自由にやってください。それが中国政府の示した方針です。

ところが近年、香港で保障されていたはずの「高度な自治」が、危うくなってきています。そのことにつ

図表③—**中国の「一国二制度」**

	中国	香港	マカオ
政治	共産党一党独裁	普通選挙（2*）で選出される行政長官と諮問機関の行政会議（政府内外のメンバーで構成）	選挙委員会が選出する行政長官とそれを補佐する行政会（行政会委員は行政長官が任命）
経済	社会主義市場経済（1*）	資本主義経済	
思想・文化活動	共産党による厳しい規制	言論・報道・集会やデモ・信仰などの自由を保障（3*）	

（1*）解説は第3章p115参照、（2*）、（3*）建前と現実の違いについては、第5章p178参照。

いては、2014年に起きた香港特別行政府への抗議デモ「雨傘運動」（5章p178）のところでお話ししましょう。

さて、ここまで、ひとつの中国だったのが、どういう経緯で分断され、現在に至るかを話してきました。「中国だけど中国じゃない」台湾、香港、マカオ。中国がこれらの地域とどのような関係に向かっていくのか、今後の世界を占ううえでも目が離せません。

第2章
「共産党による独裁」から見る中国

憲法の上に、共産党が存在する

さあ、次は中国の政治がどうなっているのかを見ていきましょう。中国の政治については、「事実上の一党独裁」という言い方をします。

中華人民共和国は、共産党と国民党が戦って、勝利した共産党が建国しました。国民党は台湾に敗走したのですから、共産党だけの国家のような気がしませんか？

Q「事実上の一党独裁」とはどういう意味でしょう。

——中国の中にもまだ国民党の人が残っているけれど、ほとんど力がないから共産党の言いなりになっている……？

歴史的には、ありうる話だよね。でも、違います。

実は、中国には中国共産党以外に、八つの政党が存在しています（図表④）。ところが、その八つの政党はどの政党も「自分たちは中国共産党の指導に従う」と党の規則に定めています。

共産党の指導に従う党が独立した政党なのか。そんなわけはありません。かたちのうえでは、中国共産党以外にも政党が存在するけれど、事実上は共産党の独裁国家なのです。だから「事実上の一党独裁」なわけです。

中国の政治の仕組みで最も特徴的なのは、憲法の上に中国共産党が存在しているところです。普通の民主主義国ではどうか。たとえば日本では、日本国憲法がいちばん上にあって、憲法がいちばん大切なものです。その下にいろんな政治制度があって、三権分立になっている。そして国家公務員は必ず憲法を守らなければいけないと、それも憲法に書いてあります。天皇陛下の地位は日本国憲法に規定されていますし、天皇陛下も憲法を守ります、と言っています。ですから日本の政党もすべて憲法の下で政治活動をしているわけですね。これがいわゆる民主主義のかたちです。

図表④ ― **中国の政党**

	党名	特徴・構成人員など
	中国共産党	与党
民主党派（いずれも1949年以前に結党）	**国民党革命委員会**	旧国民党の関係者
	中国民主同盟	文化人
	中国民主建国会	経済界の関係者
	中国民主促進会	教育・出版関係者
	中国農工民主党	医療・環境分野の知識人
	中国致公党	帰国華僑、中国在住の在外華僑家族
	九三学社	教育・科学技術の関係者
	台湾民主自治同盟	台湾出身者

ほかにも1998年結党の中国民主党など、1949年以降に結党した政党がありますが、いずれも関係者の逮捕などの弾圧を受け、中国国内では政党として認められていません。

ところが中国では、中華人民共和国憲法に「中国共産党の指導に従う」と定められています。まず中国共産党があって、その下に憲法が存在する。つまり憲法をどう解釈するかは共産党が決めているのです（図表⑤）。

中華人民共和国憲法を読むと、中国の公民（国民）は、言論の自由、表現の自由、結社の自由（政党をつくる自由）すべてが認められています。

1998年、中国民主党という政党がつくられたことがあります。しかし結党してすぐに全員逮捕され、その人たちはいまだに刑務所に入っています。

おかしいと思いませんか。憲法には、結社の自由を認めているにもかかわらず、なぜそういうことが起こるのか。憲法が守られてい

図表⑤―**中国における憲法の位置づけ**（日本との比較）

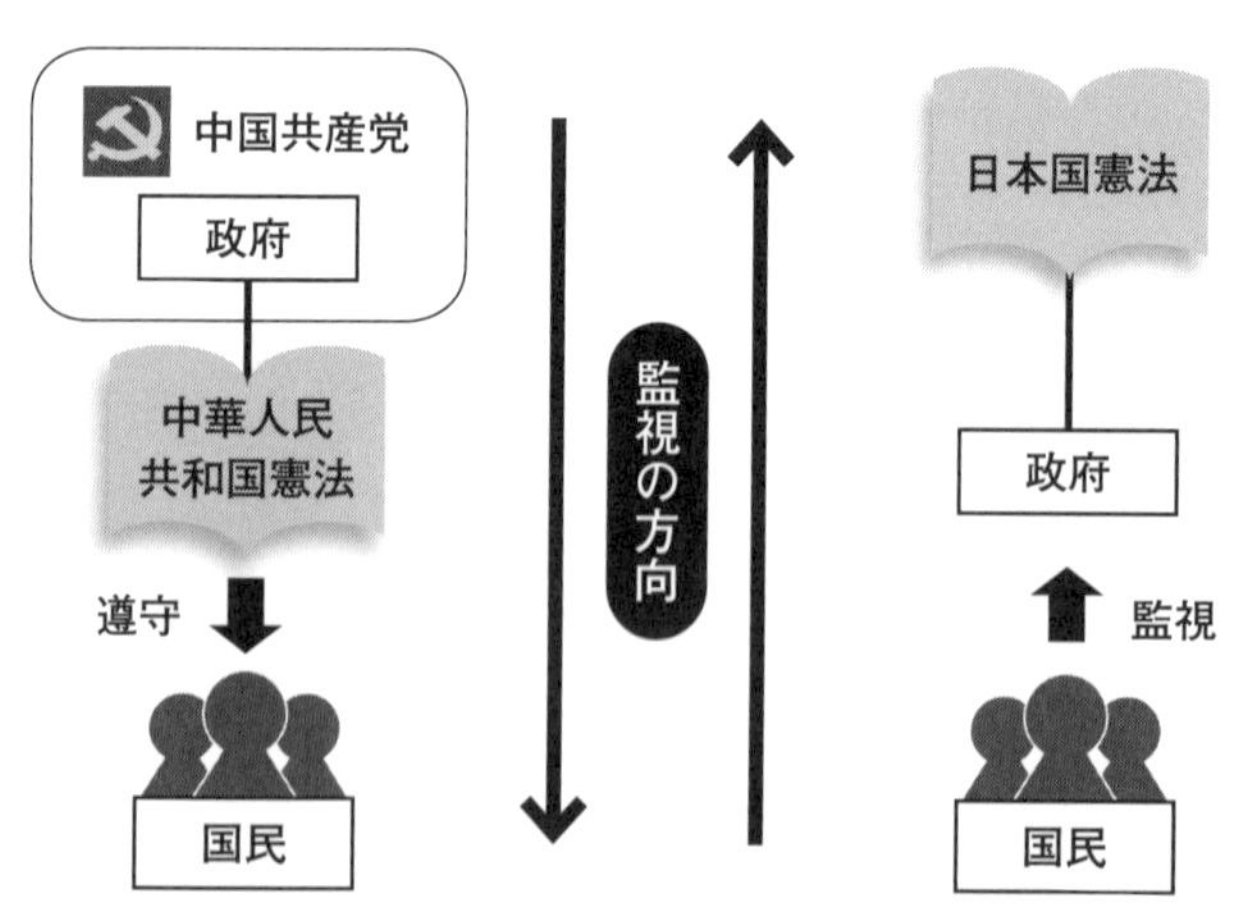

中国では、中国共産党の下に憲法が存在します（共産党と政府は実態として一体）。日本のような普通の民主主義国では憲法の下で国家が運営されます。

ないのではなく、憲法をどう解釈するかは、共産党が決めているからということなんですね。そのほかにも結党した政党がありますが、いずれも当局の弾圧を受けています。

13億人の舵を取るリーダーはどう選ばれるのか

中国共産党のトップは、総書記です。一方、中華人民共和国のトップは国家主席。現在の中国のリーダーであり最高権力者である習近平(しゅうきんぺい)は、中国共産党の総書記であると同時に、中華人民共和国の国家主席でもあります。

Q さて、中国のリーダーはどうやって決めるのでしょうか？

――国民の選挙でないとすると……？

中国には、リーダーを決める時に選挙が行われることはありません。日本でいう町内会の会長を選ぶような場合には、試験的に自由な選挙が行われることもありますが。しかし、村や町や市のリーダーを決める場合には、選挙は行わない。だから、中国の人たちは、ほとんど選挙をしたことがないのです。

そういえば、ＡＫＢ48の上海バージョンがいるでしょう。なんという名前でしたっけ？

――ＳＮＨ48。

さすが、すぐに答えが返ってきたね。上海でＳＮＨ48の総選挙をやった時に、参加した人たちがひどく感動したというエピソードを聞きました。自分の好きな人に投票できる。そしてみんなの投票の結果で、センターが決まる。こんなに素晴らしいことはない、と。もしかしたら、ＳＮＨ48から中国の民主化は進むのかもしれませんね（笑）。

話が脱線しました。国民による選挙のない中国では、どうやってリーダーを決めているのか。それが5年ごとに開催される共産党大会（中国共産党全国代表大会）です。共産党員の地方代表者が集まり、要職に就く人材を選出します。

トップである総書記もここで決まります。総書記の任期は、１期5年、連続２期までです。国家の上に共産党が位置する中国では、共産党大会が国の最重要事項を決定する政治イベントなのです。共産党大会の中では、正式な選挙が行われます。しかし5年に１回しか開催されない最高機関です。日々の党運営つまり国家運営に関する事柄を決めることはできません。そこで、年に１回開催される中央委員会に代表として出席する中央委員を選出します（２０１６年現在２０４人）。

中央委員の中から、さらに毎月１回開催される中国共産党中央政治局に参加できる政治局委員25名が選出されます。政治局委員は、中国共産党の要職に就く幹部たちです。

政治局委員の中から、さらに選出された7人が政治局常務委員です。エリート中のエリートです。中国共産党の大幹部であり、行政を担う最高指導部。日本でいえば、政権与党の要職と大臣を兼務しているような権力者です。

中国13億人の舵取りを、わずか7人で行っているのです。7人の集団指導体制で国家運営に関するすべてを決めます。決める方法は多数決です。だから、常務委員は7人という奇数になっているのです。2012年までは常務委員の数は9人でした。中国の国内政治に詳しい遠藤誉（ほまれ）さんが自著の中で、「チャイナ・ナイン」と名づけたのですが、人数が減

図表⑥—**中国共産党と政府の組織図**

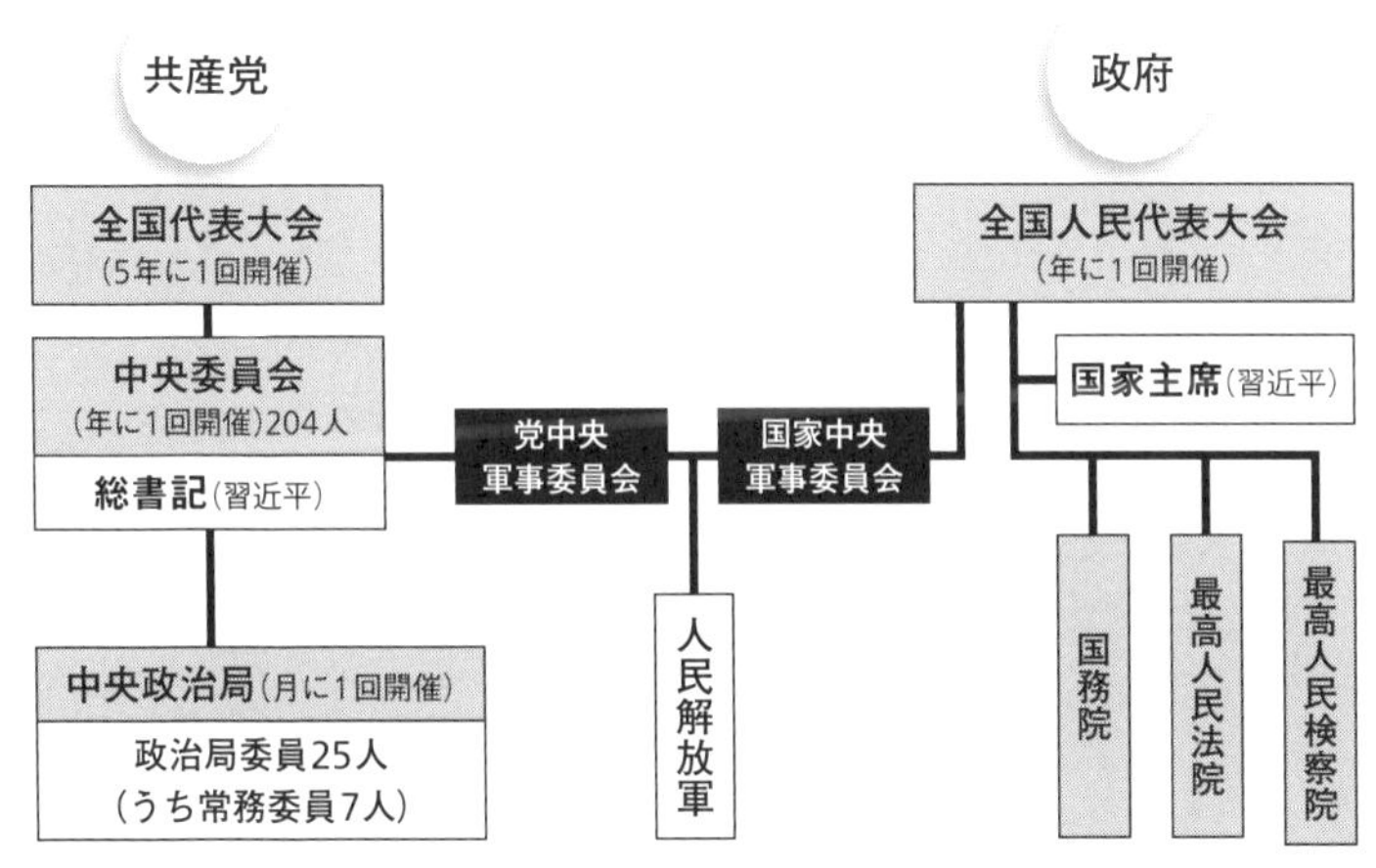

共産党と政府を見やすいように並べて配置しましたが、あくまで主は共産党の側で、対抗関係にはありません（2016年5月現在）。

って7人となり、「チャイナ・セブン」となりました。そして現在、政治局常務委員のトップ（序列1位）に立っているのが習近平総書記なのです。

日本の国会に相当する全国人民代表大会（全人代）は、毎年開かれます。中華人民共和国の国家主席は、共産党大会の翌年に開催される全人代で選出されます。

現在では、共産党の総書記がそのまま国家主席になるという構造になっています。つまり、国家主席も習近平。名実ともに最高権力者です（p61図表⑥）。

全人代は日本の国会にあたると言いましたが、ここに集まっている代議員の人たちは中国の国民による選挙で選ばれるわけではありません。それぞれの地区で、共産党から指名された代表者が全人代に集まります。

政治も経済も教育も、すべて共産党が支配する

中国の場合は、すべてにおいて共産党が国家（政府）に勝ります。共産党員にならないと出世ができません。現在共産党員の数は、8000万人を少し超えた数です。

これだけ巨大な組織の共産党も、発足時は小さな秘密結社のような存在でした。中国共産党は、帝国主義列強の植民地支配に反対する「五・四運動」の盛り上がりの中から生ま

図表⑦―**歴代の中華人民共和国首脳** ＊役職名は変更あり

共産党中央委員会総書記	国家主席	国務院総理（首相）	最高実力（実質的な最高指導者
毛沢東（共産党中央委員会主席1945年6月19日～76年9月9日）	**毛沢東**（中央人民政府主席1949年10月1日～54年9月27日）	**周恩来**（政務院総理1949年10月1日～54年9月27日）	毛沢東
	毛沢東（1954年9月27日～59年4月27日）	**周恩来**（1954年9月27日～76年1月8日）	
	劉少奇（1959年4月27日～68年10月31日）		
華国鋒（共産党中央委員会主席1976年10月7日～81年6月28日）	**廃止**	**華国鋒**（1976年1月8日～1980年9月10日）	華国鋒
胡耀邦（共産党中央委員会主席1981年6月29日～82年9月12日）	**李先念**（1983年6月18日～88年4月8日）	**趙紫陽**（1980年9月10日～87年11月24日）	鄧小平
胡耀邦（1982年9月12日～87年1月16日）			
趙紫陽（1987年11月2日～89年6月23日）	**楊尚昆**（1988年4月8日～93年3月27日）	**李鵬**（1987年11月24日～98年3月17日）	
江沢民（1989年6月24日～2002年11月15日）	**江沢民**（1993年3月27日～2003年3月15日）	**朱鎔基**（1998年3月17日～2003年3月16日）	江沢民
胡錦濤（2002年11月15日～2012年11月15日）	**胡錦濤**（2003年3月15日～2013年3月14日）	**温家宝**（2003年3月16日～2013年3月15日）	胡錦濤
習近平（2012年11月15日～）	**習近平**（2013年3月14日～）	**李克強**（2013年3月15日～）	習近平

毛沢東

華国鋒

鄧小平

江沢民

胡錦濤

習近平

写真提供：左からAFP＝時事、時事、共同通信社、中国通信／時事通信、CNP／時事通信フォト、AFP＝時事

れました。

　１９１８年11月、山東半島を支配していたドイツが第一次大戦で敗北。中国の人たちは、これで領土が中国に戻る、と期待しましたが、今度は日本のものになってしまいます。これに抗議する学生たちが立ち上がったのが、１９１９年５月４日。それで「五・四運動」と呼ばれます。当時の運動の中心は学生を中心とした都市部のインテリでした。

　中国共産党が設立されたのは１９２１年７月。上海の高級住宅地の一角を借りて、中国共産党の第１回大会が開かれました。この時、党員は全国にわずか53人（57人の説も）でした。このうち代表12人が出席、毛沢東もそのひとりでした。当初は、世界革命を目指すソ連共産党の指導を受けたコミンテルン（世界共産党）の中国支部として発足しました。ちなみに日本共産党の発足は翌年のことです。

　その後、中国で国民党と共産党が手を組んだり対立したりを経て、第二次世界大戦後、共産党軍により国民党軍が台湾に追われたことは、前の授業（第１章ｐ33）で話しましたね。

　１９４９年10月、毛沢東は中華人民共和国の成立を宣言します。中国の国旗は五星紅旗です。大きな星は共産党、四つの小さな星は労働者、農民、知識階級、愛国的資本家を象徴しています。共産党が主導する国であることが国旗に表現されているのです。

　将来の共産党幹部候補を養成するためには、優秀な人材を集めなくてはいけません。たとえば、学校で優秀な成績をとっている、他人からの人望が厚い、みんなから好かれている。そんな人は、共産党に入らないかと声をかけられます（p66図表⑧）。優秀な人材をスカウトするために、網の目のようにありとあらゆるところに共産党のネットワークが張りめぐらされているのです。

中国共産党の内部にも派閥があります。大別すると「太子党」と「団派」です。「太子」とはプリンスの意味、つまり二世です。親が共産党や軍の幹部で出世した人たちが太子党です。習近平は、父親が元副首相であり、父親の友人たちによって引き上げられてきたので、太子党に色分けされます。

これに対して、「団派」の団とは共産主義青年団のこと。共産主義青年団での活動ぶりが評価されて共産党に入党し、実績を積んで出世した人たちです。習近平の前の実力者、胡錦濤、温家宝らはこちらに属します。

Qもし、共産党に入るのは嫌だと、断ったらどうなるでしょう。

――逮捕される？

さすがにそこまでのことはしないと思いますが、反共産党だという烙印を押され、生涯出世の道は閉ざされるでしょうね。だから、誰も断れない。共産党に入らないかと誘われ

図表⑧—**中国共産党員になるには**

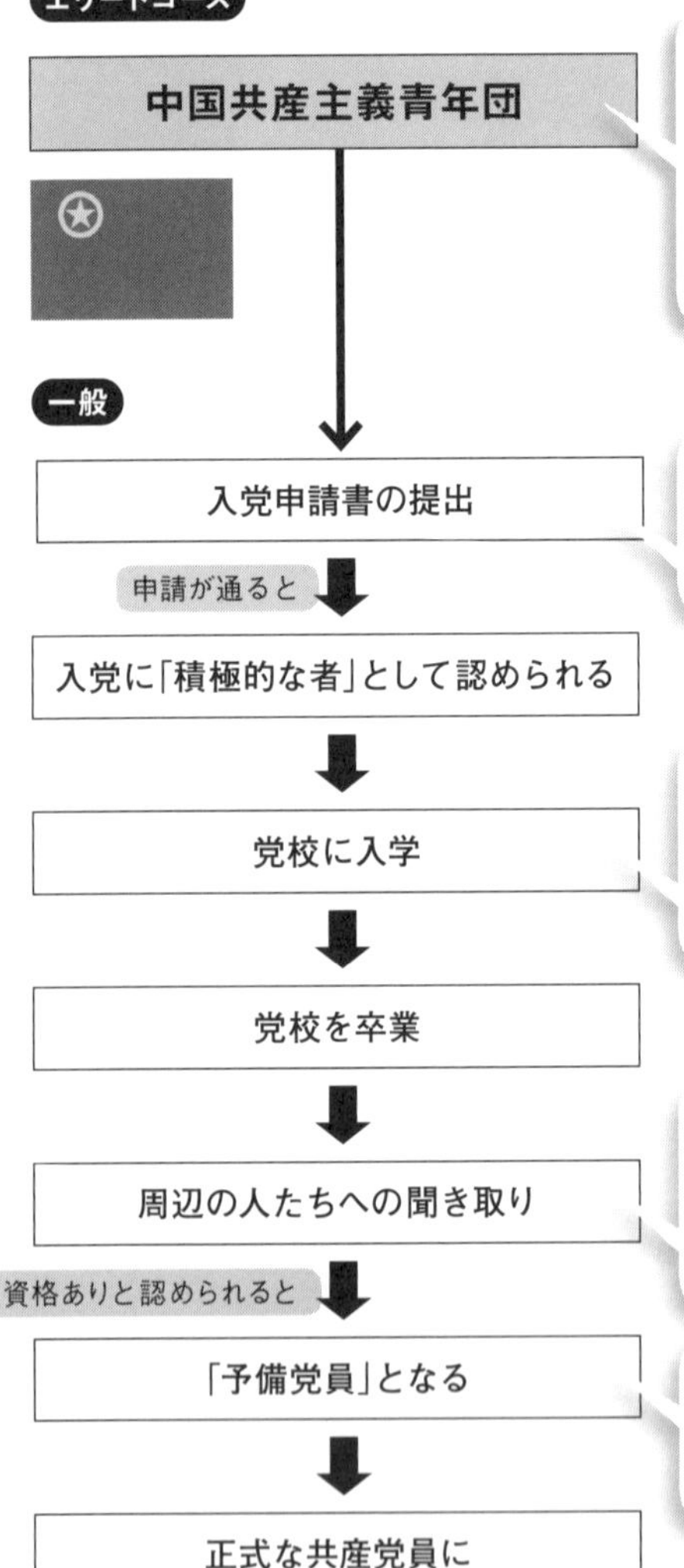

将来の中国共産党員を目指す青年組織で、団員は14～25歳。活動ぶりを見て優秀な者は入党を勧められる。「一般」と同じ手続きは踏むが、速やかに認められる。

入党の動機や自分の履歴、党で何をやりたいかなどを記入する。

週に1、2回、6週間通う。共産主義や共産党の歴史などの講義を受ける。受講後は毎回「思想報告」を提出する。

周辺の人たちに本人の素性や日頃の行動、思想などについて事情聴取し、適格かを判断。

月に1回「思想報告」を提出。周辺人物への聞き取りも引き続き行われる。

申請から共産党員になるまでは1～2年ほどかかる。

たら、喜んで入りますと答えるのです。

それでは教育機関に、共産党はどう関与しているのか。たとえば、大学内の権力構造を見てみましょう。北京大学は、日本における東京大学のような、高級官僚を多数輩出する超エリート校です。

東京大学の場合、重要事項を決めるトップは総長です。しかし、北京大学でいちばん偉いのは、北京大学の中の共産党委員会の書記なのです。もちろん学長という職はありますが、重要事項の意思決定においては、言葉は悪いですが、お飾りのようなものです。決して表に出てこない共産党の書記がすべてを決めているのです。

中国企業の場合はどうでしょう。大企業の中にも、当然共産党の組織があって、共産党がイエスと言わなければ何も決まらないという構造になっています。大企業の社長のデスクには、仕事用の電話ともう1台赤い電話が置かれています。この赤い電話は、共産党の内線電話。ホットラインなのです。

もし赤い電話が鳴ったら、たとえ会議をしていても社長はすぐさま電話をとって、共産党の指示を聞かなければなりません。

意思決定者が社長だと思って話を進めていると、突然共産党の意向が割り込んでくることがある。中国企業とのビジネスが難しいといわれる一因です。

共産党がすべてをコントロールする一党独裁の中国には、私たちの常識では許れないことがたくさんあります。

みなさんも、将来、ビジネスなどで中国の会社と付き合うこともあるでしょう。その時に表向きのトップの人と本当の実力者が違う場合もあるということを、頭の隅に置いておいたほうがいいということですね。

大学生の間で、民主化運動が広がっていった

Q 1989年6月4日。中国を揺るがす大きな事件が起こりました。君たちが生まれる前のことだけれど、どんな事件か知っていますか。

——**天安門（てんあんもん）事件ですか？**

よく勉強していますね、正解です。民主化を求めて北京市内の天安門広場に集まっていた学生たちに対し、中国の軍隊である人民解放軍が戦車を出動して排除しました。抵抗した大勢の若者たちが殺害されました。これが天安門事件です。

なぜこんな事件が起こったのでしょう。ＧＤＰ（国内総生産）世界第2位に成長した現在の中国からは想像できませんが、第二次世界大戦で戦勝国となったにもかかわらず、中

国は実に貧しかったのです。社会主義的な平等を求めて中華人民共和国が成立しましたが、すべての国民は平等に貧しいままでした。

そこに鄧小平（とうしょうへい）（１９０４〜97年）というリーダーが登場して、とにかく豊かになれる人から豊かになりなさい。まず豊かになって、豊かになった人たちが貧しい人たちを助けなさいという「改革開放政策」を始めました。

裕福になる人も出てきた一方で、まだまだ貧しい人たちがたくさんいる。中国国内で所得格差がどんどん広がっていきました。

現在中国には多くの大学がありますが、この頃はまだ少なかった。大学に進学できるのは、裕福な家庭に生まれたごく一部のエリートだけでした。

大学に進学したエリートたちが世の中を見渡すと、能力があるのにお金がなくて大学に進学できない人たちがたくさんいることに気づきます。

自分はたまたま裕福な家庭に育ったから大学に進学できた。しかし自分よりはるかに優秀なのに、貧しくて進学できない人たちがいる。不公平じゃないか。そういう人たちのためにも世の中を変えていかなければいけない。そう考える若者たちが出てきたのです。

貧富の差が激しい格差社会を何とかすべきだ。そのためには、少しでも民主化の方向に持っていきたい。中国を民主主義の国にしたいという運動を始めました。

Q 学生たちの民主化運動の高まりに対して、共産党はどういう反応をしたのでしょう。

——警察が次々に逮捕した。

そうですね。それまでの中国なら徹底的に弾圧したでしょう。ところが、共産党総書記である胡耀邦（こようほう）（１９８２年に共産党のトップの呼称は、共産党中央委員会主席から共産党中央委員会総書記に変わりました）は、学生運動に理解を示し黙認します。

それはなぜか。胡耀邦（１９１５〜89年）は鄧小平が始めた「改革開放政策」をさらに進め、中国を経済的に豊かにするには、「自由化」や「民主化」は避けて通れない道だと考えていたからです。

しかし、共産党幹部たちは胡耀邦の対応を生ぬるいと批判。胡耀邦は辞任を迫られ１９８７年に失脚します。

１９８９年4月に胡耀邦が死去すると、北京大学の学生たちは自分たちの理解者だった胡耀邦を追悼するデモ行進を行いました。学生運動に対して寛容だったことが胡耀邦解任の理由だったことを、学生たちは知っていたのです。胡耀邦の死をきっかけに、民主化運動は学生だけではなく市民の間にも広がっていきました。

天安門広場で、学生と戦車が向かい合った

民主化を求めるデモの場所として、学生たちが目をつけたのが、北京の中心部にある天安門です。明、清代の皇帝の宮城の正門を再建した天安門は、毛沢東が建国宣言を行った場所で、中華人民共和国の象徴ともされている場所です。その天安門の前に広がっている天安門広場には、50万人が集まることができるといわれています。

ちょうどこの頃、ソ連の最高指導者であるゴルバチョフ書記長が中国を訪問することになっていました。ソ連の指導によって生まれた中国共産党ですが、次第にソ連との関係が悪くなり、対立するようになっていました。

ソ連では、独裁者スターリンの死後トップに立ったフルシチョフがスターリンを痛烈に批判します。レーニンとともにロシア革命を成功させソ連を建国した英雄だが、レーニンの死後は独裁者となった。さらに自分を神格化し崇拝させるために、多くの人々を殺していたと暴露します。１９５６年のことです。

スターリンと同じようにカリスマ指導者として君臨していた毛沢東は、フルシチョフの発言を自分への批判だと捉えたのです。中国とソ連の関係は急激に悪化し、一時は両国間

で核戦争が起こるのではないかと危ぶまれたこともありました。

しかし毛沢東の死後、中国とソ連の関係は、少しずつ改善されていきます。１９８９年5月15日、両国の関係改善のためソ連のゴルバチョフ書記長が中国を訪問。30年ぶりの中ソ首脳会議が実現し、歓迎の式典が天安門広場で開かれることになりました。

ゴルバチョフ書記長の訪中は、世界中の注目を集めました。中国は、それまで外国のメディアの取材をほとんど受け入れていませんでしたが、この時は歴史的なイベントだと、例外的に取材を認めたのです。世界各国から新聞記者やテレビ局の記者、カメラマンたちがやってきました。

民主化を目指す学生たちは、これをチャンスだと捉えました。海外のメディアが注目している今、天安門広場に座り込んで民主化を求める運動を始めれば、中国の警察や軍隊も手出しはできないだろうと考えたのです。

ゴルバチョフ訪中の直前から、大勢の学生たちが天安門広場に座り込みます。学生たちは、これは愛国運動だとして、共産党との対話を求め、ハンガーストライキを決行しました。その結果、ゴルバチョフ書記長を歓迎する記念の式典を天安門広場で開けなかったのです。中国共産党は、世界のメディアの前でメンツを潰されました。

趙紫陽（ちょうしよう）（１９１９〜２００５年）総書記は、ゴルバチョフとの会談の中で驚くべき発言をします。鄧小平は表向きには引退したが、いまだに最高実力者として君臨している。「改革開放政策」を推進している鄧小平こそが民主化を阻む原因だと、ほのめかしたのです。

趙紫陽とゴルバチョフの会談は、全国に生中継されていました。鄧小平こそが、民主化の敵だったことを、国民も知ることになります。最初は学生たちが中心だった天安門広場のデモに、民主化を求める一般の人たちも加わって大きな大衆運動に広がっていきました。鄧小平への退陣要求も合わせて、デモはさらに拡大します。天安門広場とその周辺に集まった人の数は100万人ともいわれています。

趙紫陽総書記は、学生たちに対し集会をやめるように呼びかけますが、時すでに遅し。共産党の最高実力者である鄧小平を批判した趙紫陽は、党内で孤立し失脚します。

中国共産党は戒厳令を発令。戒厳令とは、憲法の効力を停止し、立法、行政、司法の行使を軍に委ねることです。中国の軍隊である人民解放軍がデモの制圧に乗り出しました。1989年6月4日早朝、座り込んでいる学生たちを排除するため、中国の人民解放軍の戦車が天安門広場に入ります。学生たちが立てていたテントを次々と踏み潰していきました。

怒った若者たちが天安門広場のすぐ近くの長安街（ちょうあんがい）に集まり、戦車に向けて、ビール瓶などにガソリンを詰めた火炎瓶を投げつけました。それをきっかけに、人民解放軍は若者たちに向けて無差別に発砲。多くの若者たちが天安門の広場のすぐ横で殺害されました。これが天安門事件（写真⑧）です。

広場にいた学生たちは、軍が突入する前に避難していたため、天安門広場の中では犠牲者は出ていませんが、その周辺では多くの若者が命を落としました。

この時に出動したのが中国の軍隊、人民解放軍です。人民解放軍というのは世界でも大変珍しい軍隊です。実は、国の軍隊ではないんですね。

Qでは、人民解放軍は、どこの軍隊なのでしょう。この問題は少し難しいかな。

——国ではないとしたら、北京市とかの軍隊ですか？

残念ながら不正解です。先ほど、中国は憲法の上に共産党があるという話をしました。つまり国より共産党のほうが上位にいる。ここまでヒントを出すと、わかるかな。

——**共産党の軍隊です**。

正解です。人民解放軍は共産党の軍隊なのです。人民解放軍が世界的に見てどれほど特殊か。アメリカの軍隊と比較してみましょう。

アメリカの軍隊の最高司令官は、大統領です。つまり、軍の出動や作戦実行に関して、

写真⑧—天安門事件（1989年）｜写真提供：共同通信社
鄧小平はデモ鎮圧のために人民解放軍を出動させました。

大統領が最終的な指令を出します。大統領は、民主党または共和党に所属しています。しかし軍隊は、民主党や共和党のものではありません。どちらの政党の大統領であろうと、軍はその大統領の指示に従います。常に国のトップの指示に従う。どの国の軍隊も同じです。

ところが、中国の人民解放軍は国の軍隊ではなく、中国共産党の軍隊です。人民解放軍を指揮し、出動命令を出すのは共産党なのです。天安門事件の時、人民解放軍に出動を命じたのは鄧小平という共産党の実力者でした。

鄧小平は、中国共産党の中で人民解放軍を動かすことのできる地位（共産党中央軍事委員会主席）にいたのですが、国家主席ではなかった。国のリーダーでもない人が、軍隊に出動命令を出して、学生たちを天安門広場から追い出したのです。

今の中国の若者たちは、なぜ天安門事件が起こったのか、その理由をちゃんと教えられていません。中国の歴史の教科書を読むと、「共産党に反対する連中がいたが、共産党のおかげですぐにこの連中を抑えることができた」という意味の短い文章にしかなっていないのです。

反日感情を植えつけた「愛国教育」

Q 天安門事件は、その後の中国にどんな影響を与えたと思いますか？

――**共産党に逆らう人たちに対する弾圧が、より激しくなった。**

もちろんそうでした。しかし、中国共産党はもっと根本的なところから手を着けなければいけないと考えました。

つまり若者たちが共産党に逆らったのは、我々が教育の面で過ちをおかしたからだ。今後は若者たちに対して、中国共産党の正当性を徹底的に教育しなければならないと考えたのです。

天安門事件以降、中国では徹底した「愛国教育」が行われます。「愛国教育」とは何か。その名のとおり、「中国を愛しましょう。つまり中国共産党を愛しましょう」という教育運動です。大学の新入生には1か月の軍事訓練も義務づけられました。

アメリカの大統領は、国民の選挙で選ばれます。日本の総理大臣も、ほとんどの場合、衆議院議員選挙で多数を取った政党のトップが就任します。直接的、間接的の違いはあれ、国民の選挙を経て政権を獲得しているわけです。

しかし中国の舵を取っている中国共産党は、選挙で選ばれてその地位にいるわけではありません。天安門事件以降、中国共産党の正当性が問われたのです。なぜ中国共産党が中国を統治しているのか。その理由を明確にし、国民に浸透させる必要がありました。

そこで中国共産党が利用したのが、日本軍に侵略されていた中国の歴史です。かつて中国は、日本の軍国主義に苦しめられた。日本のせいで中国国民はみな非常に貧しく、厳しい生活を送っていた。

国民を守るため日本軍と戦い、中国から日本軍を追い出したのは共産党である。日本の侵略によって苦しんでいる人々を助けたのは、中国共産党である。だから、我々には中国を統治する政治的正当性があるのだ、という思想を徹底的に教え込むことにしました。

実は、日本軍と最前線で戦ったのは国民党で、共産党は後方にいてあまり戦ってはいなかったのですが……。共産党は、自分たちに都合のいいように歴史を偽造します。

共産党が中国国民にとっていかに素晴らしい役割を果たしたかを浸透させるためには、日本が中国に対してどれほど残虐なことをしたかを強調すればいいわけです。最初から反日教育を意図したわけではありませんが、結果的に「愛国教育」は反日教育になっていきました。

「愛国教育」のせいで、今、中国の若者たちは反日感情が強い、といわれています。でも本当にそうなのでしょうか。

考えてみてください。みなさんも教科書に書かれていたことや先生が話すことがすべて正しいと信じていますか。

中国の若者たちは、建前としては反日的なことを言ったほうがいいとわかっているから、テレビのカメラを向けられれば反日的なことを言います。

もちろん、日本のことが嫌いだという人もいると思います。でも、彼らの身の回りには、日本のアニメやコミック、ゲームがたくさんあります。日本の音楽や電気製品もあふれている。中国の若者の多くは、本音では、相当日本が好きなんです。中国人全員が反日だということはありません。

上海で反日運動が激化していた頃、私は取材の合間にスターバックスで、コーヒーを注文しました。中国語はできませんから、英語で話しかけました。するとお店のスタッフが、「あなたは日本人ですか?」と声をかけてきたのです。

アジア系の顔をしていて英語で注文したので、きっと日本人だろうと思ったのでしょう。イエスと答えたら、「私は、日本語を勉強しています」と言って、若者たちが集まってきました。反日運動真っ盛りの上海なのに、日本が好きな人も多いんだなぁと感じました。

また、同じ時期に、北京で日本語弁論大会が開催されました。審査員として参加したのですが、みなさんとても流暢な日本語を話すことに驚きました。

なぜ日本語を勉強する気になったのですかと質問したら、女の子たちは『美少女戦士セーラームーン』を見て日本が好きになりましたと言っていました。日本のアニメのファンなんですね。若者たちもまた、本音と建前を使い分けているのです。

最近では、習近平も日本との関係を改善しなければいけないと言っています。反日デモなどで日中関係が悪化して以降、中国に進出する日本企業が減ってきました。すでに進出していた企業も撤退したり、工場建設を中止したりして、日本からの投資が急激に減ってきたのです。

急成長の反動で、今、中国経済は低迷しています。さらに日本からの投資が激減すると、中国経済の復活は難しくなる。日本との関係を改善して、何とかもう一度日本から投資をしてもらいたいという思惑もあるのです。

一方、日本の経済も中国とは切っても切れない関係になっています。このままの状態が続いたら、日本にとってもいいことは何もありません。そこで第一次安倍政権時代の2006年、中国との関係を仕切り直して「戦略的互恵関係」を推進しましょうということになりました。

日本も中国も、相手のことはあまり好きではないけれど、喧嘩を続けたままだとお互いの利益になりません。本心は脇において、両国経済のために仲よくやっていきましょうというのが戦略的互恵関係です。かなり正直なものの言い方ですが、現在、日本と中国はこういう関係になっています。

一党独裁の○と×

――人口が多くて経済発展をしている国にとっては、中央集権体制がいいという説を読んだことがあるのですが、中国の独裁体制はどうでしょう。いきすぎているようにも思えるのですが……。

人口が多くて非常に貧しい国が一挙に経済を発展させる時に「開発独裁」という方法があります。

徹底的な独裁政権下で、国のお金を効率的に開発に注ぎ込むことによって経済を成長させるのです。独裁も、優秀なリーダーのもとでは、経済が発展します。たとえば、かつてのインドネシアがそうです。韓国も、朴槿恵(パククネ)大統領のお父さん、朴正熙(チョンヒ)大統領の時代に開発独裁を行いました。

逆にとんでもない指導者のもとでは、めちゃくちゃになってしまうという例が北朝鮮です。中国の場合も、実は、かつて、とんでもない独裁者がいました。その後、賢明な独裁者が出てきたことによって中国経済が大きく変わるのだという話は、この後の第3章で詳しくお話しします。

ただ、中国のように13億もの人をまとめて統治しながら、経済発展を目指すとなると「開発独裁」に向かわざるをえない側面もあるのです。

Q たとえば、今、世界で最大の人口を抱える民主主義国はどこだと思いますか。

——アメリカでしょうか。

アメリカの人口は3億人ですね。その4倍の人口を抱える民主主義国家があります。それはインドです。インドは、民主主義国家です。何かを決める時には選挙が行われます。

しかし、人口が多いということは、国の中にさまざまな利害関係が交錯しているということ。選挙をやってもなかなか決まらないし、政治もちゃんと機能しない。道路などのインフラ整備もあまり進まないのです。

中国の場合は、どこに誰が住んでいようが、共産党が立ち退けと言えばそれで終わりです。反対したら、捕まってしまう。道路でも鉄道でもすぐに造れます。民主主義のインドと一党独裁の中国。個人の自由か、国家の発展か。どちらがいいのだろうか、と考えてしまいます。

――若者は本音では反日ではないと言われましたが、日本との戦争を経験したお年寄りはどう思っているのでしょうか。

お年寄りの中には、日中戦争の時に自分の肉親が日本軍によって殺された経験を持っている人がたくさんいます。本音で反日の人たちも多いでしょう。

ただ中国は広大な国。そもそも日本軍とはまったく関係なく暮らしてきた人たちもいます。その地域の人たちは、老人だからといって反日ではないと思います。

しかし、テレビでは反日ドラマが毎日流れているものですから、テレビでしか情報を得られないような田舎の高齢者の人たちの中には、日本はひどいところだと思っている人たちもかなりいるでしょうね。

――それでは、共産党の一党独裁の状態がずっと続いたら、中国の反日感情はなくならないままなのでしょうか。

これもいい質問ですね。なぜ、共産党が反日感情を煽（あお）らなければならないか。先ほど話したように、自らを正当化するためです。つまり、中国の民主化が進めば、あえて反日感情を煽る必要はなくなるということです。

政権政党が国民の選挙で選ばれるようになれば、自らの政治的正当性を強調する必要はない。意図的に日本という敵をつくり出すことは必要なくなります。つまり共産党による一党独裁制が続いているうちは、折に触れて反日が出てくる。それは覚悟しておいたほうがいいということですね。

若者たちも今の政権に対して、いろんな不満がある。政権を批判したいけれど、そんなことをするとすぐに捕まってしまう。でも、反日運動なら集会も認められるし、デモもできる。反日デモに参加して、共産党政権に対するうっぷんを晴らしたり、日本を批判しながらも、中国政府の日本との付き合い方に問題があると言って、婉曲に今の政権を批判する人たちもいます。

すごく盛り上がっていた反日運動が、ある日、突然中止するよう指導されたことがあります。反日運動といいながら政権批判を行い、反共産党運動に発展しそうになったからストップをかけた、というのが真相です。

では、中国の共産党による一党独裁はこのまま続いていくのでしょうか。世の中に、永遠に続くものはありえません。ソ連があっけなく崩壊したように、中国共産党による独裁政権もいつかは終わりを告げるでしょう。

かつてイギリスの元首相ウィンストン・チャーチルは、「民主主義は最悪の政治といえる。

これまで試みられてきた、民主主義以外のすべての政治体制を除けばだが」と語りました。ほかのものよりましなだけだ。理想の政治体制というわけではない。

私たちは、よりましなものとして民主主義を選んでいるのだ、ということも頭の隅に置いておいてください。

第3章
「中進国の罠」から見る中国

中国は「中進国の罠」に陥った

経済の視点から中国を見てみましょう。GDPは世界2位（2016年現在）。アメリカを超えるほどの経済大国に成長した中国ですが、最近ではその勢いに陰りが見えてきました（p92図表⑩参照）。日々のニュースからも、中国政府が経済政策に四苦八苦している様子がうかがえます。

Q なぜ中国の経済成長に、急ブレーキがかかったのでしょう？

――中国の人件費が高騰したため、世界から中国に進出していた企業が、もっと人件費の安い国に工場を移しているからだという話を聞いたことがあります。

新聞で読んだのかな。ほぼ正解ですが、もう少し深い理由があるので、それを説明していきましょう。

経済成長を遂げる前の中国は、国全体が貧しくて人件費も非常に安かった。外国の企業が中国に工場を造れば、少ない人件費でたくさんの人を雇い、効率よく製品の生産が行えます。

海外からどんどん企業が進出してくることで、中国の経済成長率は10％を超える状態がずっと続いてきました。これは日本の1960年代、高度成長期と同じですね。しかし経済成長を遂げた後の中国は、急速に経済が悪化しています。

確かにGDPは、日本を抜いて世界2位。しかし国民ひとりあたりのGDPを見れば、世界76位です（マカオ5位、香港18位、日本26位、台湾37位 図表⑨）。

北京や上海には、世界でも有数の大金持ちがいます。その一方で、まだ電気も水道もないようなところで暮らしている人たちもいる。平均するとまだまだ貧しい国なのです。

途上国から先進国の仲間入りをしようという過渡期の国を「中進国」と呼びます。中国

図表⑨—各国（地域）の国民ひとりあたりの名目GDP
出典：IMF（2016年4月）

ベスト10

順位	国名	データ（単位：米ドル）
1	ルクセンブルク	101994
2	スイス	80675
3	カタール	76576
4	ノルウェー	74822
5	マカオ	69309
6	アメリカ	55805
7	シンガポール	52887
8	デンマーク	52114
9	アイルランド	51350
10	オーストラリア	50961

10位以下の主要国・地域

順位	国名	データ（単位：米ドル）
14	イギリス	43770
17	カナダ	43331
18	香港	42389
20	ドイツ	40996
22	フランス	37675
26	日本	32485
27	イタリア	29866
37	台湾	22287
69	ロシア	9054
76	中国	7989

はちょうど今、中進国だといえます。そして高度成長期の直後、急激に経済成長のスピードが落ちることを「中進国の罠」と呼びます。ブラジルやアルゼンチン、そして、日本もかつて経済成長の過程で「中進国の罠」にはまりました。

中国の場合、北京や上海など沿岸部に工場を造ると、そこに、内陸部の貧しい農村地帯から大勢の人が出稼ぎに来ます（写真⑨）。彼らは安い給料でも十分に働いてくれます。給料を上げてくださいと言ってきても、農村部には無尽蔵の労働力がありますから、不満なら辞めてもらってかまわない、と突っぱねることができます。労働者のほうが圧倒的に不利な立場ですから、みんな不満があっても表に出さずに我慢して働きます。

安価な人件費で、企業活動が行える。企業の売り上げは拡大し、中国経済も急激に成長します。ところが、人口が13億人もいるのだから、労働力不足になることはないだろうと高をくっていたら、農村地帯から出稼ぎに来る人が少なくなってきたのです。国が豊かになってきたことで、内陸の農村部にもいろんな企業ができ始めたのです。そうなると、わざわざ遠くの沿岸部にまで働きに出る理由がなくなります。

Q 労働力が不足すると、どういうことが起こるのでしょう？

――労働者のほうが強くなって、給料が高騰する。

写真⑨—地方からの出稼ぎ者であふれていた広州駅前広場(1994年4月)｜写真提供:時事通信フォト

そのとおりです。もう以前のようにいくらでも働きたい人がいる状態ではありません。「今の給料は安すぎる。上げてくれないと辞める」と言われたら、企業のほうが困ってしまうのです。

このように、それまで余っていた労働力が底をついた状態を「ルイスの転換点」と呼びます。イギリスの経済学者アーサー・ルイスによって提唱されたからです。

「ルイスの転換点」を迎えた中国では、工場労働者の給料が急激に高騰しています。安くて豊富な労働力に支えられていた経済成長は、急速に停滞します（図表⑩）。中国は、今まさに「中進国の罠」に陥っているのです。

図表⑩ — **中国の「ルイスの転換点」**
出典：独立行政法人経済産業研究所

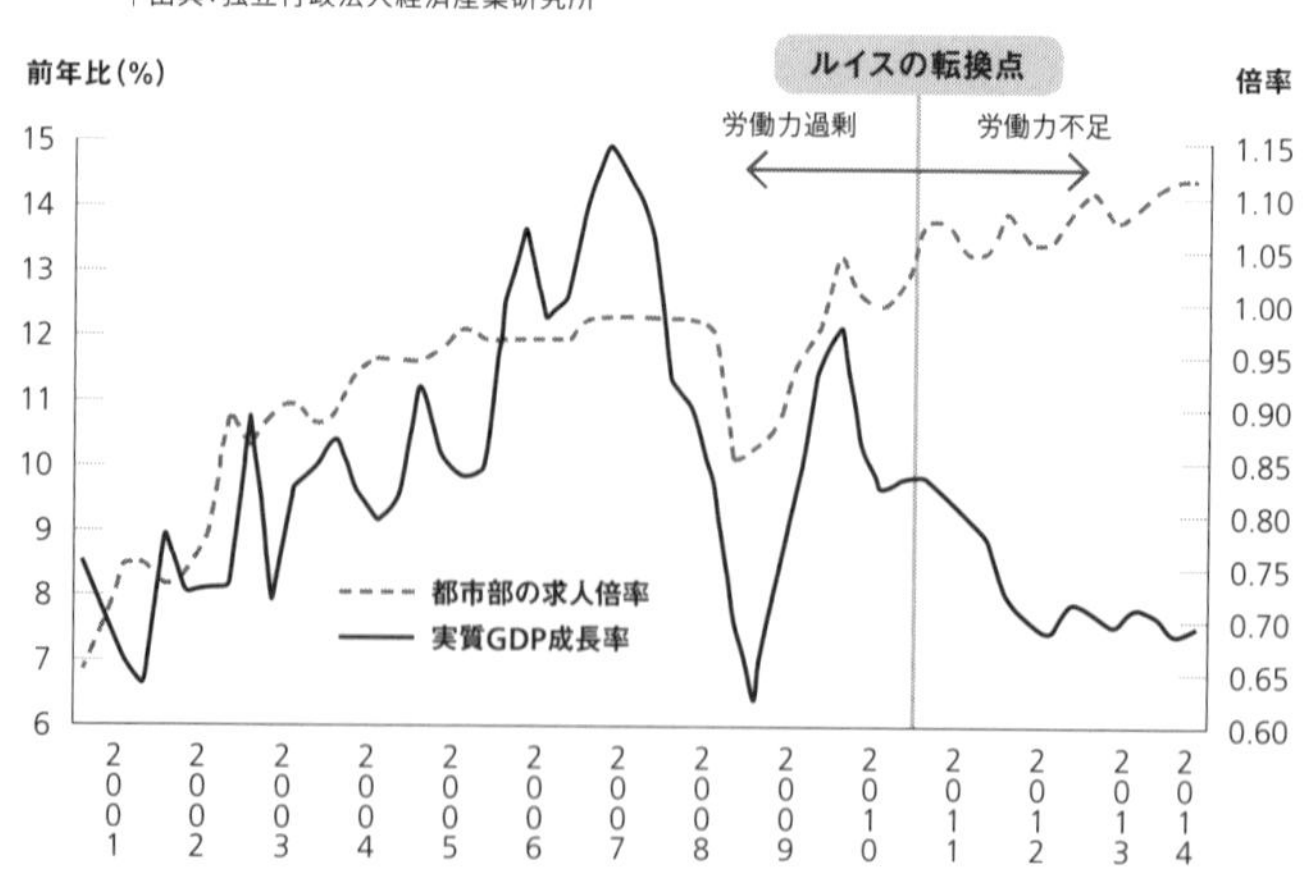

余っていた労働力が底をついた状態が「ルイスの転換点」です。これを境に経済成長は停滞してしまいます。中国ではこれが2010年頃に起きました。

中国は「中進国の罠」から抜け出せるのか

――先ほど日本も「中進国の罠」にはまったと聞きました。日本はその状況からどうやって抜け出したのですか？

おっ、いい質問ですね。１９６０年代の高度経済成長時代、東京の中小企業の労働力は主に東北地方の中卒者が支えていました。東北地方の農家では、長男が家を継ぎます。次男、三男は東京に出稼ぎに来ます。

中学校の卒業式が終わると、集団就職列車に乗って東京に向かいます。列車が上野駅に着くと、先生に引率された中学生たちが詰め襟の制服姿のまま、ぞくぞくと駅のホームに降り立ちます。日本は高度経済成長の真っ最中で、人手が足りない企業にとって、貴重な労働力です。彼らは「金の卵」と呼ばれました。

『ALWAYS 三丁目の夕日』という映画が、まさにその時代の話です。町工場で働いている人たちの多くは、東北出身者です。農家の次男、三男が大勢いました。だから、安い給料で働かせることができたのです。

しかし日本の経済が発展し、農村部も豊かになり、みんな高校に進学するようになりました。中学卒業生が労働力として手に入らなくなったのです。高校卒を採用するとなると、中学卒より高い給料を払わなければなりません。これが日本の「ルイスの転換点」です。日本の場合、「ルイスの転換点」を迎えた時代がよかったのだと思います。日本の高度経済成長期は、世界的に新しい技術や製品が登場してきた時期と重なっています。

たとえばテレビが普及すると、テレビのコマーシャルに登場する商品が欲しくなります。洗濯機が普及すると、そこで使う中性洗剤が爆発的に売れます。漂白剤も必要になります。冷蔵庫が家庭に入ってくると、夏にきんきんに冷えたビールを飲むおいしさを知ることになります。そこでビールの需要が爆発的に増加します。

新しい技術や製品が登場することによって、連鎖的に新たな需要が生まれて経済が発展する。それによって日本は「中進国の罠」を抜けることができたのです。日本は運がよかったのだともいえます。

今、まさに中国はその段階です。みんな裕福になって、さまざまな製品の需要が増えてきた。「世界の工場」から、13億人の「世界の市場」へと変化しています。

国民の活発な消費活動のおかげで、まだ経済は成長していますが、労働力不足は深刻で人件費も高騰しています。

中国に進出していた外国の企業は、もっと人件費の安いベトナム、カンボジア、ミャンマー、バングラデシュなどの国に工場を移し始めました。中国だけに依存するのではなく、もうひとつの国に進出しておこうというこの動きを「チャイナ・プラス・ワン」と呼びます。

はたして今、当時の日本のように、新しい需要を生み、雇用を生み出すような環境が次々に出てくるのか。そう考えると、中国が「中進国の罠」から抜け出すには、厳しい道程が待っていると言わざるをえません。

――池上先生は、中国が「中進国の罠」を抜け出すためには、どうすればいいと考えますか？

そうきましたか。難しい質問ですね（苦笑）。おそらく今の中国の政府首脳たちもこの問題で頭を抱えていると思います。一般的にいうと「中進国の罠」に陥った時には、イノベーション、つまりまったく新しい技術革新がないと、さらにその先には進めません。

これまでは、工場が増えることによって、工場労働者も増えた。つまり、ものを大量生産する産業が成長の基盤になっていたわけです。

中国経済が「中進国の罠」から抜け出し、さらに発展するためには、ものを大量生産する産業構造に頼っていては不可能だということです。たとえば、ＩＣＴ（情報通信技術）などまったく新しい分野でイノベーションが起こらないと「中進国の罠」から脱出することはできません。そのイノベーションとは何なのか。現段階では、わからないというのが正直なところです。

もうひとつ大切なことがあります。それが「法治主義」です。日本では当たり前のことですが、すべては法律によって治められる仕組みをつくることだろうと思います。法律が違反を取り締まってくれる信頼感が社会にあるから、安心していろんな経済活動もできるのです。

中国の場合は、憲法の上に共産党があります。共産党の幹部の意向で法律に関係なく、ルールががらっと変わります。

たとえば、日本の企業が中国に進出していきます。中国の企業と合弁企業をつくり、生産を始めます。事業がうまくいって多くの利益が上がるようになります。突然、地元の役所が法律を変えて、もっとたくさん税金を納めなさいとか、環境対策税を集めることになったとか、さまざまな手段で利益を吸い上げようとするのです。

そうなると、外国企業は安心して中国でビジネスができなくなってしまいます。今、そういう問題が中国のあちこちで起きています。

「法治主義」つまり、どんな権力者も法律を守る。そういう国家に変えて外国企業も安心してビジネスができる環境を整えていかないと、この先中国が発展を続けることは難しいだろうと思います。

共産主義と社会主義の違いは何か

Q 中国では工場労働者の給料が高くなり、経済の成長が止まり始めているという話をしましたが、何かおかしいな、と思った人はいませんか？

——？？？

中国の政治体制を思い出してください。おかしいなと思うことがあるはずです。

——**中国の企業は国営だから、労働者の賃金は国が決めるのではないでしょうか。賃金が自然に上がることはないのでは？**

よく気がつきました。労働力不足で賃金が上がるって、日本のような資本主義国で起こることだよね。中華人民共和国は、ソ連をお手本とした社会主義の国としてスタートしました。しかし、今の中国はどう見ても、純粋な社会主義ではないよね。社会主義でもあり、資本主義でもある。不思議な状態になっています。

——**今、中国は、社会主義の国だとおっしゃいました。中国は、共産党が支配している国ですよね。共産主義ではないのですか？　社会主義と共産主義の違いがわからないのですが。**

いい質問ですね！　ここで社会主義と共産主義の違いについて説明しておきましょう。

共産主義は、私有財産をなくし、すべての人が平等に暮らせる一種の理想主義です。社会主義はひと言でいうと、「共産主義に向かって進もうとしている過程」です。社会主義の基礎となっているのが、19世紀の半ばに、ドイツのカール・マルクスが『共産党宣言』や『資本論』で提唱した考え方です。

マルクスは、こう考えました。資本主義社会で自由に経済活動を続けると、どんどん格差が広がり、ひと握りの大金持ちの資本家が大勢の労働者をこき使い搾取（さくしゅ）するようになる。資本家をなくして、生産手段は労働者のものにしよう。労働者が能力に応じて働く、格差のない社会をつくろう。それが発展した資本主義の次の段階である社会主義の社会だ、というのです。

格差が解消すれば、貧困がなくなります。何でも手に入るから、争いが起きない、戦争もなくなる。そうなれば国家もいらない。理想の社会が誕生する。それが共産主義だ、というわけです。最終的には共産主義を目指すけれど、一気には無理だから、まずは社会主義を目指そう、ということなのです。

ソ連陣営（東）とアメリカ陣営（西）が対立した東西冷戦時代、西側諸国が共産主義を恐れたのが、これでわかりますね。労働者が生産手段を管理すれば国家もいらない、国家を転覆させよう、というのですから。

では、話を戻していいかな。中国は社会主義の国なのに、なぜ経済は資本主義なのか。それを理解するために、中国の戦後の経済の歴史を見ていきましょう。それは、もうびっくりするようなことばかりなんです。

中国はソ連をお手本にして生まれた

1917年にロシア帝国が倒れて、1922年にソビエト社会主義共和国連邦（ソ連）という社会主義国家が誕生します。ソ連の指導を受けた毛沢東たち中国共産党によって、中国にも社会主義の国ができました。

毛沢東たちは、資本家に勝手なことをさせてはいけない。労働者と農民の代表である中国共産党がすべてを統治することによって世の中をよくしようと考えました。

そのためにどうしたのか。まず、ひと握りの資本家つまり大地主がすべての力を持っている構造を変えなくてはいけないと考えました。

小作人は大地主から土地を借りて農業を行います。しかもつくった作物の多くは、地主に搾取される。地主は、どんどんお金持ちになり、小作人は働いても働いても報われない貧しい生活のままです。

国民全員が幸せになるためには、大地主から土地をすべて取り上げて、土地はすべてみんなのものにすればいい。そうすれば格差はなくなるという考えで、各地の農家を合作社(がっさくしゃ)という組織にまとめ、農業の集団化が始まりました。

さらに合作社は人民公社へと移行します。人民公社では、社会主義の考え方に則(のっと)って、私有財産を否定します。つまり農地も農機具もすべて社会全体の共有財産だとされました。

ソ連の農業集団化は失敗した

中国に先駆けて、ソ連でもスターリンによって、集団農場がスタートしていました。ところがソ連は大失敗しました。

Q ここで、質問です。社会主義の理想だと思われた農業の集団化はなぜ失敗したのでしょう？

——みんな平等だというけれど、農民の中で格差ができてきた。

今の中国を見ていると、そういう可能性もあると思うよね。でも、違います。もっと人間の根源的なところ。そういえば人間ってそうだよな、というようなことが原因だったのです。

集団化される前は、農民たちは大地主に搾取されながらも、自分の畑を耕し、家畜を飼っていました。すべての農地をみんなのものにしますと言ったとたん、全国の農村からウシやブタ、ニワトリが姿を消してしまったのです。

自分で一生懸命育てた家畜なのに、農業が集団化されると自分のものではなくなります。それなら、自分たちで食べてしまおう、と考えたからです。

農業は自然が相手です。遅霜が降りたら、農作物は全滅します。霜が降りそうになったら、農家の人たちは、夜中だろうが明け方だろうが畑に出ていって、焚き火をして畑の大気を温めて、霜が降りないようにするのです。

台風が来るとなれば、そのための対策をとるでしょう。自分の農地なら、そういう面倒なことも一生懸命やります。

しかし、集団農場では農地はみんなのもの。自分の農地じゃないから、わざわざ夜中に起き出して、農地の見回りをする必要はない。

農民たちは、誰も農地のことに注意を払わなくなりました。朝の9時から夕方5時まで働けば、あとは知りませんというような状況になり、生産性は急激に落ち込んでいきました。

ソ連の失敗の連鎖で、大きな被害を受けたのがウクライナです。現在ウクライナとロシアの関係は緊迫したものになっていますが、かつてはウクライナもソ連の一部でした。ウクライナの土地は豊かで、たくさんの作物が収穫できます。ウクライナの国旗を見ると、下半分が黄色、上半分が青色です。黄色は小麦畑、青色は天気のいい青空を象徴しています。

しかし、農業を集団化した結果、生産性が急激に落ちて餓死者が大勢出るという悲惨な事態を招きました。それ以来、ウクライナの人たちはロシアに対する不信感を募らせ、今の緊張関係につながっているのです。

イギリスを追い越せ「大躍進政策」

中国はソ連の失敗を知りませんでした。スターリンがソ連の農業の集団化は大成功だ、という宣伝をしたからです。失敗を認めたくなかったわけですね。

毛沢東は、ソ連の嘘の宣伝を真に受けます。ソ連でうまくいっているのなら我が国でも可能だろう、と人民公社を組織し農業の集団化を推進します。その結果、農業生産性がどんどん落ちてきます。中国の農業は、ソ連と同じ崩壊の道をたどりました。

さらに毛沢東は、中国の経済を一挙に強くしようと考え、イギリスに追いつけ、追い越せという目標を掲げました。

Q 毛沢東は、なぜ、イギリスを目標にしたのでしょう?

――その昔、世界を支配した大英帝国に憧れがあったから?

なるほど。でも、そうではありません。当時は東西冷戦時代。ソ連とアメリカが、世界を東西に分けて対立していました。中国にとっての兄貴分は、もちろんソ連です。ソ連の目標は、西側諸国のリーダーであるアメリカを追い越すことでした。

中国は、ソ連の弟分です。ソ連がアメリカなら、中国はアメリカの次に豊かな国を目標にしようと考えました。それがイギリスです。中国はイギリスに、追いつき追い越せという大方針を立てました。嘘のような話ですが本当です。これを「大躍進政策」といいます。

毛沢東は、イギリスの経済を調べました。イギリスでは製鉄・鉄鋼業を発展させて世界2位の豊かさになった、という報告がされます。そこで、中国でも製鉄をやろう、と命令します。非常に安易な考え方ですね。

しかし、中国はまだまだ貧しい農村の国です。鉄鉱石から鉄を取り出すための高炉もなければ、鉄を運ぶための設備もありません。イギリスのような近代的な製鉄所を造ることはできなかったのです。

ところが、毛沢東は近代的な設備はいらない。農家の庭に高炉をつくりなさい、そこで鉄をつくるのだ、と指示を出します。鉄をつくるためには大規模な施設が必要なのですが、毛沢東はどんな方法でもいい、生産量さえ上げればイギリスに追いつくことができると考えたのです。

高品質の鉄をつくるためには、高熱処理のできる設備が必要です。ところが中国の農家の庭につくられたのは、土で固めた貧弱な土法高炉（写真⑩）でした。とても高品質な鉄をつくることなどできません。

土法高炉をつくるために、高温にも耐えることのできるレンガが必要になりました。人々は、古くからあるお寺や遺跡のレンガを剥ぎ取りました。

高炉を燃やすためには、石炭が必要です。イギリスでは、まず石炭産業が発展してエネルギー源を確保した後、製鉄業が発展したのです。しかし、中国では石炭産業が十分発達していません。

人々は、石炭がないなら、農家の周りにある木を全部切り倒して、それを燃やせばいいと考えます。あっという間に中国全土から森が消えてなくなりました。それでも燃料が足りません。次は、カキやミカンなど果樹を全部切り倒して、燃料にしました。

写真⑩ ― 大躍進政策｜写真提供：AFP＝時事
1958年から60年には、広場や自宅の裏庭などで土法高炉での鉄づくりが盛んに行われました。

高炉が燃えている間は、つきっきりで火の管理をする必要があります。農民たちは、農作業どころではなくなりました。

鉄の原料である鉄鉱石も足りません。なんと農家の身の回りにある鋤（すき）や鍬（くわ）を溶かし始めたのです。気がついた時には、農作業に使う道具がすべてなくなっていました。これが大失敗に終わった中国の「大躍進政策」です。

失敗したのに、大成功と宣伝した

さらに毛沢東が行った「スズメ退治」も悲惨な結果を招きました。米の収穫時期が近づき稲穂が垂れる頃になると、スズメが米を食べに来ます。スズメは害鳥だと、中国全土でスズメ退治を始めました。

まさに人海戦術。農民たちは田んぼに出て、スズメが近づいてくると、鉦（かね）や太鼓を鳴らしてスズメを追い払います。朝から晩まで繰り返しているうちに、スズメが力尽きて落ちてくる。そんな原始的なやり方でスズメを退治しました。

Qスズメのいなくなった田んぼでは、どんなことが起こったでしょう？

――虫がたくさん発生した。

そのとおりです。スズメに米を食べられることはないと喜んだのもつかの間、翌年になると害虫が大発生。スズメは米も食べるけれど、農作物につく害虫も食べてくれていたのです。農作物は大きな被害を受けました。その後、ソ連からスズメを輸入したという、笑い話のような事実も記録されています。

おそらく中国の農民たちの中には、スズメの役割に気づいていた人がいたでしょう。しかし絶対的な権力を持っている毛沢東が言うことに逆らうことなどできません。地方の役人たちも中央に「大躍進政策」が失敗しているなどと報告したら、自分の身が危うい。自分の身を守るために、「大躍進政策」は大成功だと宣伝しました。ソ連とまったく同じですね。

稲穂の上に子どもが座れるほど、たくさんの米をつけている写真が出回りました。常識的に考えてそんなことができるはずはありません。まったくのインチキ写真だったのですが、あの地域はあんなに豊作だ。我々の地域はお米ができていない。もし不作だと言ったら、どんな罰が下されるかわからない。どの地域も大豊作だという嘘の報告が毛沢東のもとに集まります。

毛沢東は、そんなに豊作なら、穀物をソ連に輸出して外貨や工業製品を獲得しようと考えます。しかし本当はまったくの不作です。余剰米を持ってこいと言われても出すものはありません。

農民たちは自分たちで食べるためにいたわずかの米を差し出します。もう食べるものはありません。こうして中国全土に飢餓が広がっていきました。

毛沢東の死後、「大躍進政策」によってどれくらいの餓死者が出たのかを中国共産党が密かに調査をしました。その結果、少なくとも3000万人、一説には5000万人が死亡したという報告がなされました。当時の中国の人口は約5億人。1割近い人が餓死したのです。

あまりにもひどい結果なので、現在は公表されていません。中国の若者たちは、この事実を知りません。中国の歴史の教科書には、「大躍進政策」が行われた1958年からの数年間は、天候不順が続き農業に大打撃が出たと記載されています。

一連の事実を知ると、毛沢東はひどい独裁者だったと思うでしょう。しかし毛沢東のような絶対権力者が陥る罠は、どの組織にも潜んでいます。日本の会社などにも共通しているのです。

たとえば、一代で事業を大成功させたカリスマ的な経営者がいる会社は、トップが判断を間違えていても口を出すことができない雰囲気になります。イエスマンばかりが周りに集まり、失敗を報告しなくなる。毛沢東の場合と同じです。次第に、経営が傾いてきて、気づいた時にはもう手遅れになっているのです。

北朝鮮はまさに国家として、そういう状態になっています。金正恩（キムジョンウン）朝鮮労働党委員長に逆らったら殺されてしまう。誰も金正恩を批判しない。考えないのがいちばん。金正恩に言われたとおりの行動をする。そうやって国がどんどん衰えていくのです。

毛沢東の「大躍進政策」を、批判することは簡単です。しかし、どこでも起こりうることなのだ、ということをみなさんにも知っておいてほしいと思います。

それでも毛沢東は権力を維持した

――毛沢東と中国共産党は、「大躍進政策」で大勢の餓死者を出しても支持を失わなかったのですか。またどうしてそこまで強い力を持つことができたのですか。

これも、いい質問ですね。毛沢東たちが中華人民共和国をつくる前、中華民国の時代は国民党の一党独裁政権でした。台湾のところでも話しましたが、国民党は腐敗しきっていて、民衆の間に不平不満が高まっていました。中国共産党は、革命を起こして不満の元凶である国民党をやっつけて政権を獲得しました。

中国共産党の軍隊はある地域を占領すると、大地主たちを処刑して農地をすべて小作農たちに解放していったのです。農民を中心とする国民の支持を得た共産党は支配地域を広げていき、ついには国民党を台湾に追い出すことに成功しました。

革命を完全に成し遂げるため、共産党は国民党側についた人たちを公開処刑しました。共産党に逆らうと殺される、という恐怖心をまず煽ったのです。

そのうえで、共産党は政権をとったばかり、いろいろ間違いをおかすこともあります、問題点や過失があったらどんどん批判してください。色とりどりの花が咲くように、国民みんなで活発な議論をしましょうと、毛沢東が呼びかけました。これを「百花斉放」といいます。

公開処刑を目のあたりにして、怯えていた国民は半信半疑です。共産党は、「百花斉放」の一大キャンペーンを行います。

恐る恐る批判を始める人が出てきました。批判をしても逮捕されることはありません。何を言ってもいいんだという空気が流れ、全国で共産党に対する批判が噴き出しました。

すると突然、毛沢東が方針を変えたのです。共産党を批判する連中は革命を失敗に終わらせようとする右派である、と。右派であるとレッテルを貼られた人は、投獄されたり、辺境の地へ追放されたりしました。「百花斉放」を呼びかけてから、わずか4か月後のことでした。

「百花斉放」の結果、共産党に反対する右派はどのくらいいるのだろうという話になりました。その時、毛沢東が5％ぐらいではないかと口走ったのです。その数字には何の根拠もありません。

しかし、5％という数字が独り歩きを始めます。信じられないことですが、中国全土のさまざまな職場で5％の人たちが右派だと分類されて、職場から追放されました。

こういう状況になると、うっかり何か言ったら、とんでもないことになるという恐怖心が国民の頭の中に刷り込まれます。「大躍進政策」の時も、おかしいと思っていた人は大勢いたはずです。しかしそれを批判したら、自分の身が危ない。まさに、物言えば唇寒し、口は災いのもとの状況だったのですね。

――国民の意見を聞いて、国をよくしていこうとしていた毛沢東は、なぜ急に方針を変えたのですか？

毛沢東がなぜ方針転換したのかについては、歴史家の間でも議論が分かれます。

共産党をさらによくしよう、素晴らしい政権をつくろうと考えて、自由に批判をしてくださいと求めたら、予想以上に批判が出てきた。このままでは政権の基盤が揺るがされると危機感を抱いたので、粛清に転換したという説。

そうではなく、共産党に対する批判を自由に言わせることで不満分子をあぶり出し、その連中を全部潰してしまおう、と最初から考えていたという説。この2説があるのですが、真相はよくわかりません。

鄧小平の「改革開放政策」で中国は復活

「大躍進政策」の失敗によって、中国経済は大きな打撃を受けます。しかし、幸運なことに毛沢東のもとには、鄧小平という大変優秀な人材がいました。

鄧小平は、プラグマチスト（実利主義者）です。もちろん共産党の幹部ではあったのですが、国を強くするためには国民が豊かにならなければならないという信念を持っていました。

Q「白いネコでも黒いネコでも、ネズミをとるのがいいネコだ」という鄧

小平の有名な言葉が残っています。どういう意味だかわかりますか？

――独裁国家なので「白いものも、上の人が黒と言えば黒」のような意味でしょうか？

なるほど。残念ながら違います。鄧小平は、「どんな猫でもいい。つまり、社会主義だろうが資本主義だろうがかまわない。国民が豊かになるのがいちばんだ」という意味で言ったのですね。

もともと中国には、「黒いネコでも黄色いネコでも」という言い方があるのですが、なぜか「白いネコでも黒いネコでも」と伝わりました。

当然、毛沢東はじめ共産党の幹部たちからは批判されます。そういう考えをするのは共産主義者ではないと、鄧小平は地方に追いやられます。

ところが毛沢東の死後、壊滅的になった国を立て直すため、呼び戻され復権します。鄧小平の優秀さは、誰もが認めていたのでしょう。

共産党の中心的存在になった鄧小平は「改革開放政策」を提唱します。これまでの硬直した仕組みを改革する。門戸を開放して海外からの投資を受け入れよう、という社会主義国家とは思えないような思いきった政策です（p114図表⑪参照）。

鄧小平は、まず農業を復活させるために人民公社を廃止しました。代わって「各戸生産請負制」を始めます。国のものだった土地をそれぞれの農家に貸し与えて、生産を請け負わせるという仕組みです。

あなたの責任でこの土地を耕してください。収穫した作物の一部は国に納めてください。余ったものは家族で食べてもいいし、市場で売ってもいいですよ、というやり方に変えました。

「各戸生産請負制」に変えたとたん、中国の農業生産高は急激に増え、中国の農村部では餓死者が出なくなりました。

人間は現金なものです。作物がみんなのものだと言われるとサボりますが、自分のものになるとわかると俄然張り切って働くようになるわけです。鄧小平という人は、毛沢東と違って人間というものがよくわかっていたのだと思います。

また、それまで中国は鎖国のような状態で

図表⑪―**鄧小平の「改革開放」の主な政策**

経済特別区の設置	深圳(しんせん)・珠海(しゅかい)・汕頭(スワトウ)・厦門(アモイ)・海南(かいなん)の5区域に税制上の優遇や規制緩和などの特別な措置がなされる
人民公社の解体	集団所有体制の人民公社を廃止し、各農家が政府と請負契約を結び、収穫の余剰分を自由に売買できる制度を導入。労働意欲の向上で生産量も上がる
海外資本の導入	海外企業を誘致し、中国との合弁企業に。株式の半分以上を中国側が持つことで、経営をコントロールできる

市場経済の導入で、中国経済は加速度的に発展

した。外国から情報が入ってくると、国民が社会主義より資本主義のほうがいいというイメージを持つかもしれない。外国の企業が中国に進出してくると、一緒に資本主義の思想も入ってくる。そう考えて、経済も、情報も、文化もすべて遮断していました。

とにかく豊かになることが最優先だ、と考える鄧小平は、門戸を開放して外国からの企業を誘致しました。世界中から電機メーカーや自動車メーカーなど多くの企業が中国に進出して、中国は世界の工場と呼ばれるようになります。

もちろん無条件で外国企業の進出を認めたわけではありません。合弁企業、つまり中国の会社と一緒になって会社をつくらなければいけないという条件をつけました。

株式の51%は中国側の企業が持ち、外国の企業は49%しか持つことができません。株式会社ですから、株主総会で重要なことを決める時、株をたくさん持っているほうの意見が尊重されます。

外国企業に、進出してください、投資をしてくださいといっても、いざという時は中国側が全部決められるようにしたのです。

鄧小平の「改革開放政策」によって、中国経済は加速度的に発展します。そんな状況を見て、もう社会主義や共産主義にこだわらず、資本主義でいいのではないかという意見も出るようになりました。ここで生まれたのが「社会主義市場経済」という言葉です。

考えてみると不思議な言葉ですよね。自由な経済活動はやらないで、国が立てた計画どおりにやりましょうというのが社会主義。マーケットで自由に取引することによって値段が決まる。つまり需要と供給の関係で値段も決まるというのが市場経済。市場経済というのは、要するに資本主義のことなんですね。

そうすると、「社会主義市場経済」は、社会主義の資本主義という意味になります。これは中国独自の考え方で、「マーケットは資本主義のやり方にします。自由に金儲けをしてもかまいません。ただし、政治は中国共産党がコントロールします」というもの。つまり、中国共産党が管理をする資本主義という意味なのです。

現在の中国の資本主義がどんなものかを象徴するエピソードを紹介しましょう。中国に進出した日本企業で働いていた中国人が、会社を辞めたいと言ってきました。その理由を聞くと、日本企業で働いていると社会主義がうつるからだというのです。

日本の企業は、なるべくみんな平等に一緒にやっていきましょう。仕事ができる人もあまりできない人も給料には差はつけません。しかし、長い目で見れば、仕事ができる人のほうが出世する、というやり方をとっています。

今の中国の人たちから見れば、それは社会主義です。みんな同じなんてとんでもない。仕事ができる者にはたくさん給料を払って、出世させろ。駄目なやつはクビにすればいい。

それが今の中国の常識なのです。

日本企業のほうが社会主義だといわれるくらいむき出しの資本主義が、今、中国で行われているのです。

リーダーに翻弄される中国

このように中国の経済の歴史を見ていくと、トップに立つ指導者がどんな人物かによって、国民が翻弄されてしまう様子がよくわかりますね。

今も天安門には毛沢東の肖像画が掲げられていますし、中国のお札には、毛沢東の肖像画が描かれています。歴史をちゃんと学んでいないので、中国の若者たちの中には毛沢東を尊敬している人も多いのです。

ところが歴史を学ぶと建国の父であると同時に、むちゃくちゃな政策で国内を大混乱させたひどい指導者だという、もうひとつの面を知ることができます。しかし建国の父である毛沢東を否定することはできない。それが現在の中国です。

では鄧小平は毛沢東をどう評していたのか。「毛沢東には七分の功と三分の失敗がある。全体としてはいい人だった」。こういう評価をしています。頭のいい鄧小平らしく、実にアバウトですが、うまい逃げ方をしていますね。

――鄧小平は、中国のトップになってから「改革開放政策」を実行したのですか。そうだとしても、中国共産党内から反対意見はなかったのでしょうか。

また、いい質問ですね。だから私は、「鄧小平は共産党の中心的存在になった」と微妙な言い方をしたのです。中心的存在にはなったけれど、トップ、つまり国家主席にはならなかったのです。

国家主席になると、何か失敗をしたら責任をとらないといけない。鄧小平は常に裏から政治を操ります。胡耀邦、趙紫陽という鄧小平の腹心が2代続けてトップに立つのですが、ふたりとも任期途中で失脚しました。

表向きにはナンバーツーだが、実際は鄧小平が中国を支配している。実質的な「最高指導者」です。しかし、国家主席がいるかぎりそう呼ぶことはできません。海外のメディアは報道する時に鄧小平をどう呼べばいいか悩んだ末、「最高実力者」という表現をしました。

鄧小平は自分に責任が及ばないポジションで、思いきった政策を行ったのです。共産党のトップには立ちませんでしたが、人民解放軍を動かす最高責任者、中央軍事委員会主席の地位は鄧小平が握っていました。

何かあったら軍隊を動かすことができる。ある意味、最強の力です。責任を取らずに国を動かす。鄧小平のやり方をどう評価するか。それは人それぞれだと思います。しかし、鄧小平という人がいたからこそ、今の中国の豊かさがある。これもまた事実です。

――結局、毛沢東は権力を握った後、何がやりたかったのでしょう?

とても根本的な問題ですね。「大躍進政策」の大失敗などによる毛沢東の負の部分を多く語ってきましたから、権力を握った後は周囲の意見も聞かずにめちゃくちゃな政策を行ったひどい指導者、というイメージを持ったかもしれません。

毛沢東は、中華人民共和国の建国の父です。中華民国の時代、国民党政権は腐敗しきっていました。国を支えるべき農民たちが、貧しく厳しい生活をしていました。毛沢東は、中華民国を打倒して理想の社会につくり替えようと使命感に燃えていたのです。

革命を起こして国民党を駆逐し、中華人民共和国を建国します。自分の理想の国づくりを始めますが、なかなかうまくいきません。

しかし建国の父であり最高権力者です。周りからは、ちやほやされます。毛沢東を批判する人はいなくなり、すべて思いどおりに動かせるようになります。贅沢も、し放題です。権力の座というのは、すごく居心地がいいのでしょうね。

いつしか、理想の国をつくるために改革を起こしたことを忘れて、権力にしがみつくようになります。権力を維持するためだったら何でもやる。そんな逆転現象が起きるのです。

「権力は腐敗する。絶対的権力は絶対的に腐敗する」というイギリスの歴史家ジョン・アクトンの有名な言葉があります。まさにこの言葉のとおりです。

日本の政治家は、あまり評判がいいとはいえませんが、国を滅ぼそうと思って政治家になる人はいません。誰もが日本を少しでもよくしたいという理想を持って選挙に出ます。しかし権力の座に座るとどうでしょうか。

民主主義には、選挙があります。ひどい政治家に対しては、選挙を通して退場を迫ることができます。

しかし独裁政権の場合、国民が選挙で指導者を選ぶ仕組み自体がありません。北朝鮮も、金日成（キムイルソン）が北朝鮮を建国した時には、国民は金日成のことを革命の英雄として尊敬しました。しかしその息子である金正日（キムジョンイル）が強権的な独裁を始め、さらにその息子である金正恩が、今とんでもないことをやっています。

北朝鮮に民主主義があれば、金正日が独裁を始めた時に退場を迫ることができました。しかし、民主主義がないからこんな悲惨なことになっているわけです。

中国も現在、習近平が独裁の道を歩んでいます。鄧小平のように歴史に学ぶのか。それとも毛沢東と同じ道をたどるのか。「中進国の罠」から抜け出すという難題を突きつけられている状況で、習近平がどんな舵取りをするのか、世界中が注目をしているのです。

中国と一体化する台湾経済

今度は、台湾経済を見ていきましょう。現在、台湾経済を支える貿易の最重要相手国は中国で、全輸出の4割を占めています（図表⑫）。中国と台湾の間は、政治的には微妙な関係が続いています。しかし、経済的には、深い関係があるのです。

1978年から鄧小平が「改革開放政策」による市場経済を導入すると、中国に海外の企業が誘致されました。その中にすでに中進国へと成長していた台湾企業も含まれていました。台湾の企業は当初は直接投資を警戒し、香港やマカオを経由して中国進出を始めました。

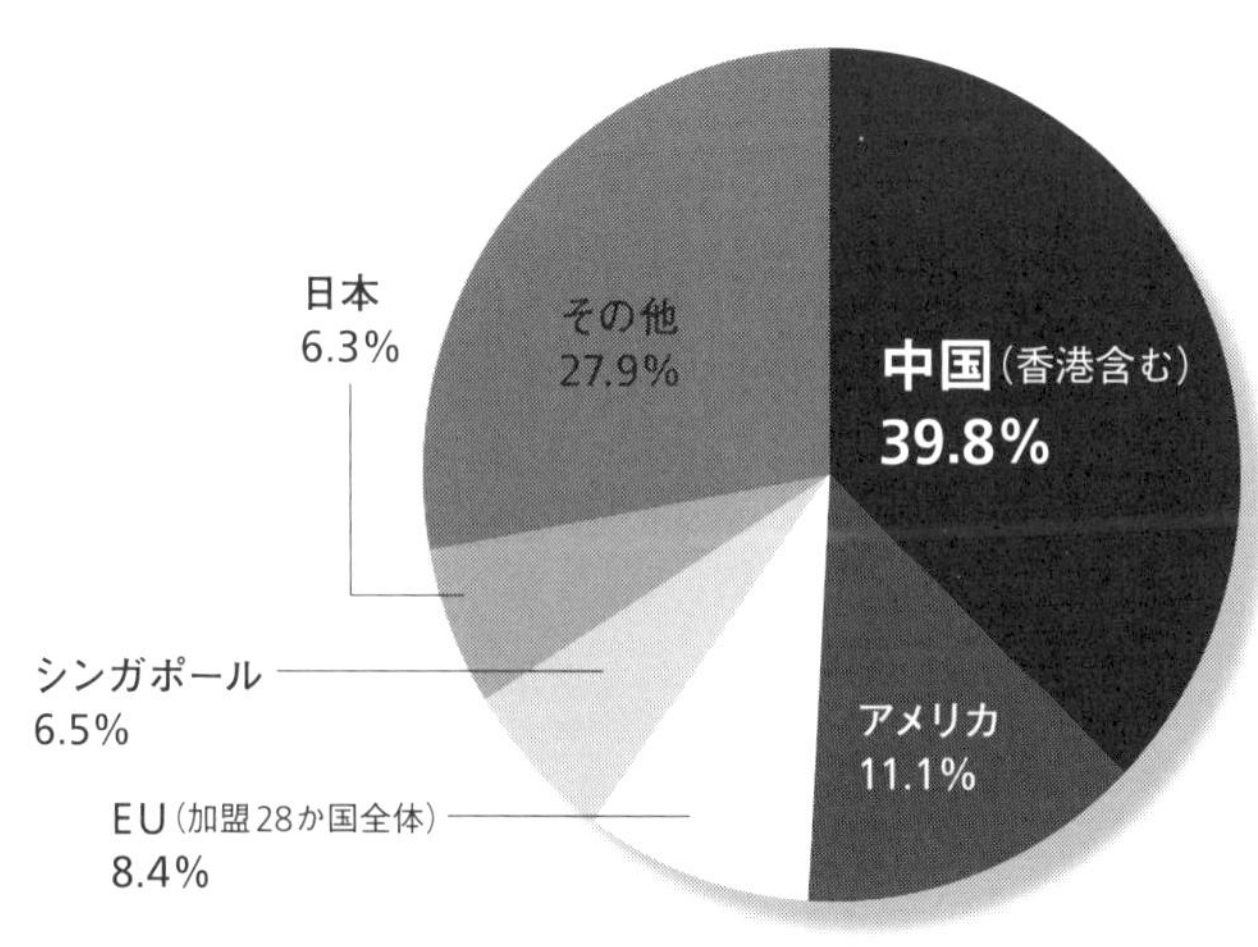

図表⑫ ―台湾の輸出統計（国・地域別）
出典：台湾財政部統計処（2014年）

台湾は、人件費の安い中国に工場を造り、香港などを経由して製品を海外に輸出することでさらに成長します。前政権である国民党の馬英九総統の時代（在任期間２００８〜16年）は、中国ともっと仲良くして台湾の経済を発展させようという方針をとりました。

台湾には、コンピュータのエイスース（ASUS）やエイサー（Acer）など国際的に有名な企業も誕生。台湾はアメリカのシリコンバレーにちなんで、シリコンアイランドと呼ばれるようになりました。アップルのiPhoneをはじめとする、精密機械の受託製造で成長した鴻海は、シャープを買収したことで日本でも注目を集めています。

さらに、海外企業が中国に進出する時も、中国に進出している台湾企業に投資して、そこから中国へ投資するという仕組みをつくりました。外国企業が中国企業と直接交渉するより、台湾企業が介在することでスムーズにビジネスが進むことから、台湾を経由して中国進出している日本企業も多くあります。

しかし中国が圧倒的な経済成長を遂げ、中国と台湾の立場は逆転します。中国マネーの流入によって、台湾では都市部の不動産が高騰するなど、台湾経済は中国の影響を大きく受けるようになりました。

中国の人件費は高騰し、台湾企業の利益を圧迫します。中国に工場を集中させたため、台湾では産業の空洞化が起こり、中国に雇用が奪われていると若者たちの不満も高まっています。

中国への依存度が高まれば高まるほど、中国経済の減速が台湾に与える影響も大きくなります。新しい産業を育成し、脱中国依存を目指す試みもありますが、まだまだ時間がかかりそうです。中国が「中進国の罠」から抜けられるかどうか。そこには台湾の運命もかかっているのです。

中国返還でマカオのカジノが変わった

習近平政権によって大きく揺らいでいるのがマカオです。マカオは、ポルトガルの植民地時代に、合法的にカジノの設置が認められました。返還前もそれなりににぎわっていたのですが、中国に返還されてからは、さらにカジノの街として発展を遂げました（p124写真⑪）。

カジノというと、アメリカのラスベガスを思い出すかもしれません。しかし近年、ラスベガスよりもマカオのほうがカジノの売り上げが多いのです。マカオに到着すると、眩（まばゆ）いばかりのネオンがきらめき、まるでラスベガスではないかと見紛うほどの立派なカジノが所狭しと建ち並んでいます。カジノに入ると、日本円で何億円という大金を賭けている人たちを見かけます。

Q そのお金持ちは、主にどこからやってくるのでしょう。

――中国から？

そうなんです。みんな中国大陸から、遊びに来ているんですね。でも、信じられないほどの大金です。どうしてそんなにお金を持っているのでしょう。

最近、中国の習近平国家主席が、役人の汚職の取り締まりを厳しく行うようになりました。地方の役人であろうが、中央の幹部であろうが徹底的に取り締まり、汚職をした者は次々に逮捕しています。

するとどうでしょう。マカオのカジノに大金を持った客がぱったりとやってこなくなり

写真⑪―マカオのカジノ街｜写真提供：PPS通信社

ました。カジノの売り上げは、急激に落ちて、今、マカオは不況になっています。何億ものお金を賭けて、カジノで豪遊していたのは、いったいどういう人だったのか。これで、わかりますね。

――習近平が、急に汚職の取り締まりを強化したのはなぜですか？

中国の場合、汚職のレベルが桁違いなんです。日本でも、役人の汚職が報道されることがありますが、業者から袖の下を10万円、100万円という単位でもらっていたというレベルの話が多い。

ところが中国では、汚職で捕まった役人の家を捜索すると、100億円、200億円もの巨額の財産を隠し蓄えている人が続出しています。

地方の役人が自分の懐を温めることばかりに熱心で、住民のことに目を向けてくれない。そんな不満が爆発して、毎日のようにあちこちで暴動が起きています。

ただ、中国当局が規制しているので、国内で報道されることはありません。暴動の現場写真を撮った人が、人づてに香港の新聞社やテレビ局に送って、ニュースになることがあり、私たちも中国の現状をうかがい知ることができるのです。

役人たちがこれほど腐敗しているとわかれば、国民の心は中国共産党から離れていきます。習近平は、このまま汚職が蔓延すると共産党体制が崩壊しかねないという危機感を持って、汚職の取り締まりを強化しているのです。

中国共産党、そしてそのトップである習近平は絶対的な権力を持っています。中国のマスコミ各社には、共産党の支部が置かれていて、そこに共産党員が常駐しています。新聞やテレビは政権に関わるような報道をする時には、必ず共産党のおうかがいを立てます。中国のマスコミは、共産党に都合の悪いことは一切報道しません。

警察もすべて共産党が掌握しているので、共産党の権力者周辺、つまり習近平に近い役人の汚職は取り締まりの対象になることはないのです。汚職で摘発されているのは習近平のライバルか、ライバルの部下たちばかりです。

習近平は汚職の取り締まりというやり方でライバルを蹴落としている。つまり、かたちを変えた権力闘争ともいえるのです。

日本経済にとっても、中国経済の行方は無視できません。近年、日本国内の消費が停滞する中、中国人観光客の爆買いや、中国資本によるタワーマンションやホテルの不動産買収によって、日本経済が支えられてきたともいえます。

しかし、景気が後退している中国では、国内消費を増やすため、２０１６年４月から海外で購入した商品を国内に持ち込む際の課税を強化しました。さらに、元安・円高が進行し、中国人観光客の爆買いに急ブレーキがかかっています。

今後、中国経済の低迷と習近平の贅沢禁止令や汚職摘発によって、さらに中国からの投資が減少していく可能性もあります。中国の経済の動向は、私たち日本人の生活にも大きな影響を与えているのです。

第4章
「破壊された文化」から見る中国

メイド・イン・ジャパンは粗悪品の代名詞だった

列に並ばない、大声でしゃべる。私たち日本人から見て、中国人の行動には、違和感を覚えることがあります。そこには大きくふたつの理由があると考えられます。

ひとつは、非常に貧しかった国が急激に豊かになると、どの国でも起こりうる、ということです。中国に行くと、有名ブランドの偽物がたくさん出回っています。日本でそんなことを行うと、すぐに訴えられます。

しかし中国では国際的なルールなんて関係ないかのように、平気で行っています。ひどい国だなぁ、と思うかもしれませんが、昔の日本も同じようなことをやっていたのです。

第一次世界大戦の時でした。ヨーロッパは、ほぼ全土が戦場になり工場も戦争に巻き込まれ、製品をつくることができなくなりました。

Q ヨーロッパの人たちは、生活物資などを、どうやって調達したのでしょう?

——戦争をやっていない国から輸入した。

そうですね。直接の戦場にならなかった日本にも、さまざまな物資の注文が大量に舞い込みました。現在メイド・イン・ジャパンといえば、高品質の代名詞のようになっていますが、当時は逆でした。

たとえばシャツ。ヨーロッパの人たちが、いざ着ようとしたら、ボタンが全部ぽろぽろと取れてしまう。糸で縫いつけているのではなく、糊で貼りつけていただけだったのです。もともと日本製品に対する信頼度はそれほど高くなかったのですが、こんな粗悪な品をつくっていたため、メイド・イン・ジャパンの信頼性は地に落ち、粗悪品の代名詞となってしまいました。

メイド・イン・ジャパンの評判がよくなるのは戦後になってから。それも高度経済成長以降のことです。私が中学生の頃は、有名ブランドの商品がとても安く売られていました。もちろん偽物です。でもみんな偽物だとわかっていながら買っていました。

ブランド品にそっくりなものをつくって、安く売る。何が悪いのか。実は私も子どもの頃は、そう思っていました。著作権など、オリジナルのものは尊重しなければいけないという意識が定着するまでには、実は非常に時間がかかるものなのです。

１９５０年代末、高度成長へ走り出した日本が、アメリカに乗用車を輸出しようとした時のことです。トヨタがアメリカの高速道路で時速１００キロでの走行試験を行いました。

すると、車体がガタガタ揺れ始め、壊れそうになった。慌てて走行試験を中止したそうです。まだまだ日本の乗用車はアメリカに輸出するレベルではないと、打ちひしがれて日本に帰ってきたそうです。戦前からトラック製造の技術は持っていた日本の自動車産業ですが、乗用車に必要な技術は、まったく別物だったのです。乗り心地がよく、悪路を長距離走っても壊れることなく、価格も高くない。そんな理想の乗用車をつくるため、自動車メーカーは悪戦苦闘を繰り広げていたのです。

それが今や、メイド・イン・ジャパンは、世界的に高品質の代名詞になっています。その陰には、第二次世界大戦後、高度成長期の日本人が過去の悪いイメージを払拭するような高品質の製品をつくり続けて、世界の信頼を勝ち取るまでの大変な苦労があったのです。他の国のマナーや国際社会のルールに触れることで、やがて中国の人たちの意識も大きく変わっていくと思います。

東京オリンピックでマナーが向上

Q この写真（写真⑫）を見てください。列車の車内にゴミが散乱していますね。

写真⑫—ゴミが散乱する旧国鉄の列車内（1953年11月）｜写真提供：毎日新聞社

どこの国の写真だかわかりますか。

――中国ですか？

ここまでの話を聞いた後だから、きっと中国と答えるだろうなと思っていました。実は1953（昭和28）年の日本なのです。

では、かつての日本は、どんな状態だったか。それを知ってもらうために、ほかにも何点か写真を見てみましょう。

1927（昭和2）年、日本で初めての地下鉄（上野―浅草間）の車内掲示の写真（写真⑬）です。「おことわり」という注意書きがされていますね。「煙草をのむ（吸う）こと。痰、唾をはくこと」。昭和初年頃の日本は、公共マナーに関して、これほど遅れた国だったのです。

1964（昭和39）年に東京オリンピック

写真⑬―日本初の地下鉄車両の車内掲示（1927年）｜写真提供：地下鉄博物館

が開催されることになりました。世界中から観光客がやってきます。世界の人に見られても恥ずかしくない国にしよう、と一大クリーン作戦が行われました（p136写真⑭）。

当時はまだ下水道が発達しておらず、家の前に生活排水を流すどぶがありました。東京オリンピックが開催される前の東京の青山通りの映像を見たことがあるのですが、歩きながら、ぽいぽいゴミを道路に捨てるのが平気な時代。風が吹くと、ゴミが散乱して前が見えなくなるような状態でした。

ところかまわず痰を吐き捨てる人もたくさんいました。外国から来たお客さんに、そんな姿を見せるのは恥ずかしい。駅のホームには痰壺が設置されました。昔の駅のホームの写真を見ると、白い壺が写っていることがあります。それが痰壺です。

私は、小学生の頃、夏休みになると母親に連れられて、長野県松本市の実家に帰省していました。新宿駅から列車に乗るのですが、当時はまだ蒸気機関車でした。里帰りや遊びに行く人たちで、新宿駅はごった返しています。

しかし誰も列をつくらないのです。ホームに蒸気機関車が入ってくる。そうすると、乗車口のドアに全員が殺到するのです。

列をつくって順番に入ればスムーズに乗れるのに、我先にとドアになだれ込むからなかなか乗車できません。窓から飛び込んで、後から来る家族のために座席を占拠するような

都心にはりっぱなビル、ひっきりない自動車の波、にぎわう商店街、躍動する工場…わが国の政治・経済・文化の中心として発展してきた東京は、今や世界有数の大都市です。そしてこの東京がオリンピック開催都市に選ばれて、わが国の歴史に輝かしい一頁を飾ることになったのはご承知のことでしょう。しかし、この日々躍進を重ね、オリンピックを待つ東京も、道路・交通・ばい煙・騒音・住宅問題等たくさんの病いに苦しんでおり、東京都の諸機関や関係者も、これらの病気を早く治して、東京がより健やかに育つよう日夜努力しています。

ところで、このしおりをご覧の方々に考えていただきたいのは、道路で、駅で、公園で、バスや電車の中で………つまり私たちの社会生活の場であるこの東京の町で、私たち都民自身がお互いに悩んでいる小さな病気、たとえていえば「公徳心欠亡症」とでも名づけられる病いのあることです。

このしおりに見られる光景は、その症状のほんの一部にすぎません。

- 道路で吸がらや紙屑をすてる人
- 道いっぱいになって歩くお嬢さんたち
- 商品や商売道具で道をせまくしている店
- 電車の中でタバコを吸うおじさん
- お年よりが立っていても、平気で坐っている学生さん
- 公衆浴場の湯舟で体を洗うおじいさん
- 道路や公園で野球をする少年たち
- 川にごみをすてるおかあさん

等々私たちの周囲でいろいろな症状が見られます。

たしかにこれらの行いの一つ一つは、たいして目立つものではなく、私たちは何気なくやりやすいものです。でも、この一つ一つの小さな行いが積み重なって、ごみの山が築かれ、川は悪臭を発し、公園の芝生は枯れ、交通秩序が乱れるのです。

私たちが何気なく犯す公衆不道徳の中には、法律や規則などで取締りの対象になっているものもありますが、実際に罰金や科料を課せられることは少ないようです。だからこそ、私たち都民自身が公徳心を自覚し、これを実践しないと、私たちの町はいつまでたっても、清潔な、秩序のある住みよい町にならないと思います。

日本の表玄関に住む私たち都民の一人一人が、街も、川も、公園も、自分の家と同じように愛し、また、私たち自身のためにも、公衆道徳を犯さぬよう心がけようではありませんか。さらに自分だけでなく、見知らぬ人が公徳心欠亡症状を見せていたら、身をもって治してあげたいものです。

あと3年余りで待望の東京オリンピックです。東京の町は外国の選手や観光客であふれることでしょう。習慣も言葉も異なる外国の人々も、私たちの町で快よい生活を送り、東京の町や私たち都民に、すばらしい印象を持って帰国できるように、また私たちが国際都市東京にふさわしい市民になるよう、東京オリンピックを絶好の機会として、町のエチケットを実践しようではありませんか。

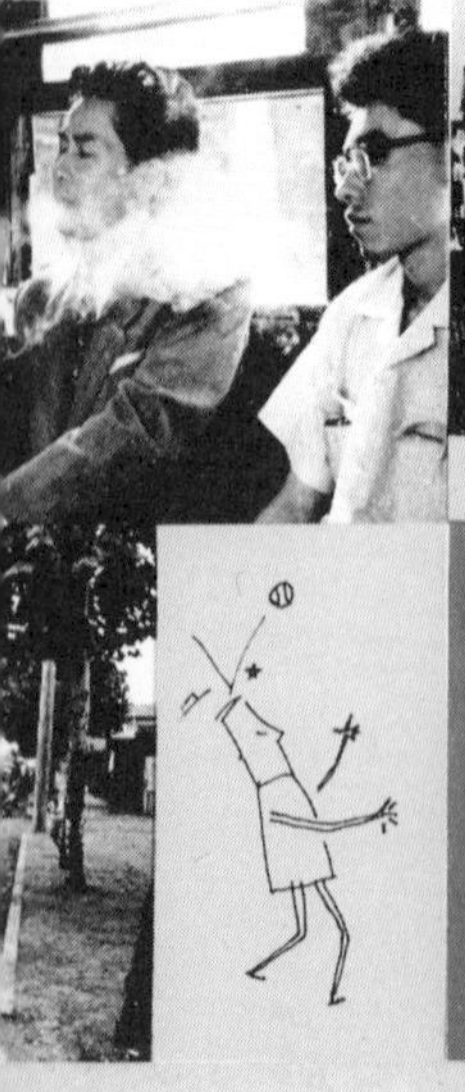

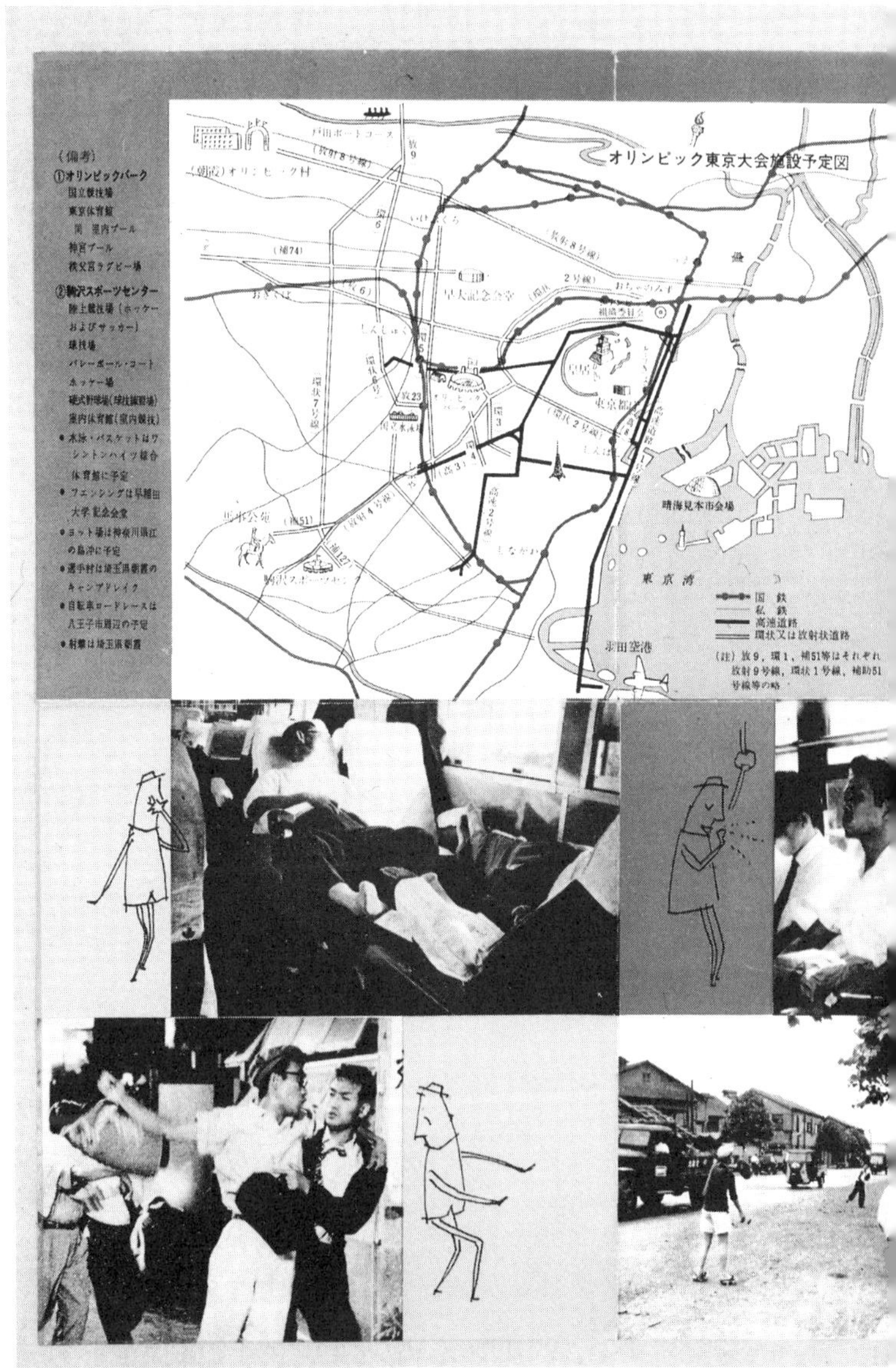

写真⑭—東京オリンピックを前に配布されたマナー向上を促すパンフレット「東京を明るく楽しく清潔に」（1961年）｜写真提供：東京都歴史文化財団イメージアーカイブ

行為も、平然と行われていました。

Q 旅行をすると列車の中でお弁当を食べることがあるでしょう。そこで出たゴミはどうしますか?

――**列車の中かホームのゴミ箱に捨てます。**

普通はそうですよね。でも当時は違ったんですね。列車内で出たゴミは、全部座席の下に置いていくのが常識でした。私も、母親にそう教えられました。松本駅に着く頃には、さっきの写真のように列車の中はゴミだらけ。座席の下では収まらず、山のようにあふれていました。

さらに、松本から新宿に帰る時に、八王子のあたりになると「ここから先、トイレの使用はご遠慮ください」という車内アナウンスが流れました。

Q なぜトイレを使ってはいけないのでしょう?

――**たぶん、列車のトイレが垂れ流しだったからだと思います。**

そうなんです。トイレに入って便器を見ると、下に線路が見えるんです。沿線に住宅が少ない区間は、トイレを使っても大丈夫。しかし、八王子を過ぎると住宅が多くなるので、使用禁止になるのです。

当時は長野や山梨の中央線沿線で「コウガイ問題」が発生しました。庭に洗濯物を干しているでしょう。そこに列車が通ると、洗濯物に黄色いシミが点々とついていたのです。だから公害ならぬ「黄害」。今からは想像もできませんが、そういう時代が日本にも確かにあったのです。

1970年代になると、高度経済成長を経て日本も豊かになっていました。団体ツアーで、海外旅行にも出かけられるようになります。たとえばパリに行くと、みんな憧れのブランドショップに群がります。棚の端から端まで全部日本人が買い占めてしまう。まさに、爆買いです。

海外で、ホテルに泊まります。当時の日本人は、まだオートロックを知りませんでした。ステテコ姿のままちょっと廊下に出て、ドアがばたんと閉まったとたん、部屋に入れなくなります。高級ホテルのロビーを下着姿のままでうろつく日本人の姿を見て、「ロビーでは下着姿で歩かないでください」という日本語の注意書きが貼り出されました。日本人の観光客も海外の人たちが眉をひそめるようなことを平気でやっていたのです。

そして今は、同じことを中国の人たちがやっているわけですね。中国人だからこうなんだ、という捉え方をするのは非常に偏った考え方だということに気づいてください。実際、最近東京に来る中国人の観光客を見ていると、大声で話す人はずいぶん減ってきました。

中国も2008年の北京オリンピック開催にあたって、マナー向上のための一大キャンペーンを行いました。行列をつくりましょう、ゴミのポイ捨てはやめましょう。まさに東京オリンピックの前の日本と同じです。

まだまだ列をつくらないで、割り込む人もいますが、北京オリンピック以降ちゃんと行列をつくる人たちも増えてきました。外国へ行く機会が増えることで、世界標準のモラルやルールを知るようになっていくのです。

「文化大革命」で中国人の道徳観が破壊された

歴史を振り返ると、中国人の道徳観を徹底的に破壊したといわれる事件がありました。それが1966年から約10年間続いた毛沢東による「文化大革命」です。「文化大革命」とは何か。詳しく、説明しましょう。

毛沢東は「大躍進政策」（3章p102）という大失政の責任をとって、国家組織のトップである国家主席の座を劉少奇（1898〜1969年 写真⑮）に譲りました。しかし共産党の主席の座は握ったままでした。中国を支配するのは共産党だから、共産党のトップであることが最大の権力の源泉だったからです。中華人民共和国の建国以来、国家の主席と党の主席の座は毛沢東が独占していましたが、ここにきて中国にふたりのリーダーが誕生することになりました。

劉少奇は、のちに中国経済を躍進させることとなる鄧小平と同じような実務家です。次第に、劉少奇に権力が集まるようになりました。これを不満に思った毛沢東が復権を狙って行ったのが、「文化大革命」です。

自ら指名した国家主席です。表立って劉少奇を批判し、引きずりおろすことはできません。そこで毛沢東はどうしたのか。社会主義は、共産主義へと至る過程にすぎず、理想の共産主義社会を誕生させるためには継続的な革命が必要だという独自の持論を展開したのです。

そして今の国家の体制は腐敗している。革命を起こして、新しい国づくりをすべきだ。特に知識人たちは社会主義革命が進めば進むほど抵抗するようになった。彼らは反社会主

写真⑮—劉少奇｜写真提供：共同通信社

義者だ、と知識人批判を開始。これからは文化においても革命が必要だ、と主張します。
ここから「文化大革命」という言葉が生まれました。

Q 毛沢東は「文化大革命」を推進するために、ある人たちを利用します。さて、それはどんな人たちでしょう？

――中華人民共和国建国時の国民党との戦いの時に農民たちを味方につけて成功したから、「文化大革命」でも、知識人の対極にいる農民たちを利用した。

毛沢東が農民たちを味方につけたことを、よく覚えていたね。でも、今回は違います。毛沢東は、中学生、高校生、大学生を利用したのです。

共産党の幹部の子どもたちが通うエリート校の生徒たちの中から、毛沢東に反対するものはやっつけて、革命を推進しようという運動が起こりました。

彼らの親である共産党の幹部が毛沢東の意図を汲んで、子どもたちに助言をしたのか、子どもたちが自ら毛沢東に心酔したのかはわかりません。

彼らは自らのことを「紅衛兵（こうえいへい）」と名乗りました（写真⑯）。「紅衛兵」の紅は、共産主義のシンボルカラーの赤。つまり共産主義を守る衛兵という意味です。

毛沢東が言うように、共産党による革命で社会主義は実現したが、革命から十数年が経ち権力は腐敗してしまった。永続的に革命をして、変え続けなければいけない。現在の体制、つまり劉少奇を主席とする政府を打倒しなければならない。そういう理論のもと、一大運動が起きたのです。

毛沢東は、紅衛兵と名乗った生徒たちに手紙を送り、生徒たちを熱烈に支持する、と宣言しました。紅衛兵たちは、中国政府や役所の幹部たちを次々と街の真ん中に引きずり出し、お前は腐敗している、人民に謝れと迫り、自己批判を要求しました。

また、紅衛兵たちは道路の名前を、勝手に革命的な名前に変えていきます。北京の銀座と呼ばれる「王府井大街」は「革命路」へと変更され、さらに「人民路」と改称されました。

写真⑯ — 北京で『毛沢東語録』を手に声を上げる紅衛兵(1966年9月)
|写真提供:AFP=時事

北京ダックで有名なレストラン「全聚徳」は、「北京烤鴨店」つまり中国語で北京ダックのお店という普通の名前に看板を掛け替えられます。また高価なメニューは金持ち向けだとされ、大衆的な安価なメニューだけになってしまいました。

冗談のような話もあります。紅衛兵たちは、信号機にも目をつけました。赤は共産主義のシンボルカラーである。共産主義に向かって進むべき我々が赤信号で止まるのはおかしい。紅衛兵たちは、交差点に立ち赤信号で車が止まろうとすると、赤だから進めと無理やり走らせました。交通は大混乱します。青信号を守って走行してきた車と衝突をする事故が多発しました。

さすがに信号の件は行きすぎです。社会生活に支障が出ます。この時は毛沢東の優秀な部下だった周恩来が「赤信号で止まるのは、国際標準だ」と説得してやめさせました。しかし、紅衛兵たちの暴走は止まることなく、次々に自己流の改革を進めようとエスカレートしていきます。

――共産党幹部の子どもたちが中心となっているとはいえ、なぜ紅衛兵の暴走に歯止めをかけることができなかったのですか？

いい質問ですね。アメリカや日本であれば、権力の行きすぎた行為はメディアが批判します。しかし中国には、極端な思想の暴走を止める役割を果たす仕組みがなかった、ということです。

紅衛兵たちが、歴史的遺産を破壊した

『資本論』などで社会主義を提唱したカール・マルクスは、「宗教はアヘンである」と言いました。アヘンは麻薬です。アヘンを吸うと、一時的に気持ちよく感じるかもしれないけれど、やがて中毒になる。

宗教は、今がどんなにつらくてもよい行いをすれば、来世で天国に行けると説きます。死後は天国に行けると信じている人は、今の社会の仕組みがどんなにおかしいと思っても、それをひっくり返そうという運動を起こさない。結果的に、宗教は革命を起こす力を削いでしまう。宗教というのはそういう役割をしていると、マルクスは説いたのです。

中国では、宗教が認められていました。しかし紅衛兵たちは、宗教は革命の敵であると、寺院に押し入って、仏像や建物を破壊しました。その結果、中国に昔から残っていた伝統的な古寺や仏像がことごとく失われてしまいました。

日本の仏教は中国から伝来しました。奈良には、中国から来た古い仏像などが当時のままの姿で残っています。中国では、古いお寺の建物や仏像を見たければ、日本の奈良に行

けばいい、というのが常識になっています。中国の歴史的な遺産を、日本に行かないと見ることができない。紅衛兵たちの暴挙のせいで、こんな本末転倒が起きたのです。

毛沢東は、標的にした政敵たちを追い落とすために、紅衛兵を徹底的に利用しました。

Q 毛沢東は、紅衛兵の活動をさらに後押しするために、あることを行いました。それはどういうことでしょう？

——**武器を与えた？**

そこまでやると戦争になってしまいます。首都北京の警察本部に、ある指令を出したのです。さて、どういう指令を出したのか？

——**紅衛兵の味方になるよう命令した。**

正解です。紅衛兵たちは革命のために運動を行っているのだから、行きすぎた行為に及んでも取り締まってはいけないと、警察官に通知を出しました。

紅衛兵たちは、どんな行動をとっても政府のお墨付きです。殺人を犯しても逮捕されません。紅衛兵という腕章さえしていれば、やりたい放題です。君たちと同世代の学生たちに、そんな権限を与えたことになるわけだ。これは大変なことだよね。

そのうち革命の進め方をめぐって、紅衛兵のグループ同士が対立するようになりました。

いわゆる内ゲバ状態です。中国全土で紅衛兵同士による集団乱闘や集団殺害事件が起きるようになります。しかし警察は一切、手が出せません。

しかも中国には、報道の自由がありません。都市部でどんなにひどいことが起こっていたのか、中国の多くの人たちは知らなかったのです。

やがて、香港の海岸に後ろ手に縛られた死体が次々と流れ着くようになります。死体には拷問を受けた形跡がありました。香港の人々は戦慄しました。大陸で何かとんでもないことが起きているのではないかと。

当時の香港はまだ中国に返還前で、イギリスの植民地でした。香港では自由な報道が許されていました。しかし、香港にも大陸の中の情報は一切入ってきません。毛沢東の死後、ようやく「文化大革命」という名のもとに行われた大量虐殺が明らかになったのです。犠牲者の正確な数字はわかりませんが、数十万人とも数百万人、一説には数千万人ともいわれています。

「四人組」が権力を握った

腐敗した権力を駆逐し、新しい共産主義政権を樹立する。それが「文化大革命」の大義名分です。毛沢東は、目の上のたんこぶだった劉少奇を追い落とすことに成功します。紅衛兵に捕らえられた劉少奇は、1969年自宅に軟禁され非業の死を遂げます。さらに1971年、毛沢東の後継者と目されていた党副主席の林彪が飛行機でソ連に向かう途中、モンゴルで墜落死します。毛沢東に代わって自分が権力者になろうとして失敗。逃げ出したのです。

復権した毛沢東のもとで、「四人組」と呼ばれる4人の人物が強い力を持つようになります。毛沢東の妻である江青と、江青に引き立てられた共産党中央政治局のメンバー張春橋、姚文元、王洪文の4人です。

毛沢東もすでに70歳を超えていました。「四人組」は毛沢東を自由に操り、権力を意のままにしようとします。

毛沢東には周恩来という腹心がいました。周恩来は、中華人民共和国建国以来、国務院総理（国家主席に次ぐ、中国政府のナンバーツー）という要職を長く務め、国民からも敬愛されていました。

穏健派の周恩来は改革派との間に立ち、文化大革命で混乱した国家を立て直し、次第に主導権を握るようになってきます。権力を掌握したい「四人組」にとって、周恩来が邪魔になってきました。

Q「四人組」は、周恩来を追い落とすために、どんな作戦をとったのでしょう？

――周恩来のスキャンダルになるようなことを捏造（ねつぞう）した。

現在なら、そういう陰謀も起こりうるかもしれませんね。したたかな「四人組」は、もっと大きなところから周恩来を攻めました。

国民からの人気の高い周恩来を直接批判すると、逆に「四人組」が反感を買う恐れがあります。そこでどうしたのか。孔子を批判しろと言ったのです。

孔子は、儒教を始めた人です。「人を思いやる」「目上の人を尊重する」「私利私欲にとらわれない」「学問に励む」など、人間としての基本的な教えを説き、2000年以上も昔から中国人の道徳観の規範となってきました。

「四人組」は、「今は革命の時だから、孔子のような封建時代の古い思想は徹底的に排除しなければならない」と紅衛兵たちを煽り、孔子を批判する運動を始めました。

革命とは世の中をひっくり返すことだ。親を批判し、先生を批判し、今の世の中を批判する。孔子や儒教の教えを批判する一大運動が起こりました。

紅衛兵たちは、孔子の墓地に乱入して、孔子のお墓を守っている人を殺すという事件も起こしました。
文化大革命によって、儒教つまり、中国人が長い間大切にしてきた道徳観が徹底的に破壊されたのです。

――**なぜ周恩来を失脚させるために、孔子を批判したのですか。**

これは説明しないと、わかりにくいですよね。周恩来と孔子の間には、何の関係もありません。もしふたりに共通点を見つけようとすると、それは中国の人たちから尊敬されていたということです。

孔子を批判することによって、暗に周恩来を追い落とそうとした。こういう方法を「あてこすり」といいます。中国では、権力争いの中だけではなく、誰かを間接的に批判する時の伝統的なやり方なのです。

図表⑬―**周恩来と四人組**

周恩来
(1898～1976)

あてこすり、病気の治療妨害などして、窮地に陥れる

四人組(毛沢東側近)

江青
(毛沢東の元妻)
張春橋
姚文元
王洪文

毛沢東政権下で穏健派として実力を発揮。幅広い世代から支持を得た。

毛沢東側近の威信を振りかざし、邪魔な人物を徹底的に糾弾・迫害した。

周恩来の死を悼む民衆が天安門に集まる。追悼集会は、反四人組集会へと発展。これを阻止しようとする警察部隊とが衝突

写真提供：左imaginechina／時事通信フォト、右dpa／時事通信フォト

毛沢東は建国の父であり、カリスマ的な指導者です。しかし国民は、毛沢東のことを近寄りがたい怪物のような人だと思っていました。

対して周恩来は、非常に物静かな人で、インテリです。目立つような派手な活動もしない。しかし要所要所をちゃんと押さえて堅実に政治を行う。信頼できるリーダーでした。国民にとって、毛沢東は恐れ、周恩来は尊敬する。そういう関係でした。

「四人組」は、中国の人たちが常識とし、尊敬すべき存在は何だろうかと考えました。それが孔子であり儒教でした。それまで中国は『論語』(弟子たちが編纂(へんさん)した孔子の言葉)を学び、儒教の教えに従ってきました。堅実に国を治めていく周恩来のやり方を、儒教の教えに忠実な儒家の姿とダブらせて、革命の時代には合っていないと批判する手法をとったのです。

――「四人組」の「あてこすり」で、周恩来も失脚したのですか?

周恩来が失脚することはありませんでした。しかし周恩来はガンに冒されていたのです。病魔と闘いながらも職務を続けますが、1976年1月8日に亡くなりました。周恩来の死の真相については、「四人組」がガン治療の妨害をしたため死期が早まったともいわれています(図表⑬)。

中国の「失われた世代」とは

Q「文化大革命」の最中に、ある学生が学校の試験で白紙の答案を出しました。さて、この学生はどうなったでしょう?

——**落第します。**

普通なら落第です。教育に反抗するダメな学生だと烙印を押されるかもしれません。ところが、古い考えを批判し新しい時代をつくり出すのが「文化大革命」です。白紙の答案は、既存の教育制度を根本からひっくり返す革命的な行動だと高く評価されたのです。本当は、答えがわからなかっただけだと思いますが(笑)。

この話が伝わったとたん、どの学校で試験を行っても、これが革命だ、とみんな白紙の答案を出すようになりました。

紅衛兵は街頭に出て、革命運動をしなければならない。学校の教室に閉じこもって勉強するなどとんでもないということになり、全国の学校で、すべての授業がストップしました。文化大革命時代に学生だった人たちは、勉強をする機会を奪われてしまったのです。

その結果、現在60代の後半から70代ぐらいの人たちは、十分な教育を受けないまま大人になりました。中国の「失われた世代」と呼ばれています。「文化大革命」は、教育の喪失も引き起こしたのです。

中国で「失われた世代」の人と話をしたことがあります。「学生時代、勉強することができなかったため、自分は何ものを知らない。英語も知らなければ、社会のこともわからない。本当はもっと勉強がしたかった」と嘆いていました。

1976年9月9日、毛沢東が亡くなりました。中華人民共和国の頂点に君臨し続けた巨星の死によって、文化大革命は終息します。周恩来の死後、国務院総理代行に任命されていた華国鋒（かこくほう）（1921～2008）は、文化大革命の主導的立場だった「四人組」のクーデターを警戒し、全員逮捕しました。しかし文化大革命は、中国に教育や道徳の喪失という大きな後遺症を残したのです。

「大躍進政策」（3章p102）や「百花斉放」（3章p110）、さらには「文化大革命」を通して、中国の人たちは〝学習〟しました。政府の指示にしたがって、言われたとおりのことをやると、後で方針が変わった時、犯罪者にされてしまう。政府の言うことは一切聞かないのがいちばん。ルールなど守る必要はない。自分や家族を守ることが最も重要だ、という自分本位の考え方が、中国の人たちに刷り込まれていきました。

逆に言えば、自分さえよければいいと自分本位にふるまわなければ文化大革命を生き延びられなかったのです。その親たちから、世の中はそういうものなんだと教えられた子どもたちが、今、中国の大人世代になっているのです。彼らも毛沢東らによる、権力闘争に翻弄された歴史の被害者なのです。

中国では現在、改めて道徳教育の必要性が見直され、新しい時代の道徳観念がようやく生まれようとしています。

用済みになった紅衛兵は農村に追いやられた

Qでは、文化大革命の実行部隊だった紅衛兵たちはどうなったのでしょう？

――「四人組」と一緒に逮捕された。

紅衛兵たちの悲劇は、「四人組」が登場する前に起こります。毛沢東は復権したとたん、紅衛兵たちが邪魔になりました。毛沢東は、本当の革命を求めたわけではありません。紅衛兵を使って劉少奇を追い落としたかっただけなのです。

復権した毛沢東にとって、紅衛兵の役割はすでに終わっています。しかし、紅衛兵は情熱を燃やし革命闘争を続けています。紅衛兵は、国内を混乱させるだけの邪魔な存在になりました。

毛沢東は、紅衛兵たち学生はインテリである。インテリは弱い。本当に大事なのはこの国を支えている農民たちである。みんな農村に行って農民たちに学べ。そう言って、紅衛兵たちを辺鄙（へんぴ）な農村に追いやりました。これを「下放（かほう）」といいます。

この時、２０００万人もの若者たちが下放されたといわれています。農村地帯は貧しくて、電気も水道もない。特に大学生たちは、当時のエリートでインテリです。肉体労働などしたことがない。筆舌に尽くせない苦労をしたと思います。

現在の国家主席である習近平のお父さんは、文化大革命の時、副首相という高い地位にいました。当然、失脚し地方に追いやられました。反革命的な思想を持つとされた副首相の息子も反革命的と決めつけられ、習近平も地方に追いやられます。

習近平は、10代半ばから20代にかけて約7年間を地方で過ごし、ようやく北京に戻ることができました。習近平自身、実は大変な苦労をしてきた人なのです。

「ひとりっ子政策」が残したもの

毛沢東の時代には、もうひとつ問題がありました。それが人口の増加です。北京大学の教授が、このまま人口が増え続けたら、中国は食糧不足に陥ると警鐘を鳴らします。ところが毛沢東は、この教授の意見を徹底的に批判します。

国民の数が多いことが国力である。人口の増加を抑えるなどとんでもない。お前は反革命であると決めつけ、北京大学の教授は追放されます。毛沢東は、産めよ増やせよと人口の増加を奨励しました。

その裏には、毛沢東なりの考え方がありました。当時は、中国とソ連の対立が激化し、核戦争が起きる可能性もあったのです。

その頃の中国の人口は8億人。毛沢東が言った有名な言葉があります。「我々はソ連との核戦争を恐れていない。たとえソ連との核戦争で5億人死んだとしても、まだ3億人残るから中国は大丈夫だ」。とんでもない論理です。人口が多ければ、戦争に勝つ。毛沢東は、そういう発想をしたのです。

さらにこういう発言も残っています。「どんなに人口が増えても大丈夫だ。食料生産は人口の増加よりもっと大きなペースで進む。食べる口はひとつだが、食料を生産する手は、腕は2本あるからだ」。もうむちゃくちゃな論理ですが、毛沢東に逆らうことはできません。中国では、爆発的に人口が増え始めます。

毛沢東の死後、人口が増加しすぎて、食料不足になる恐れが出てきました。人口の増加を止めなければならないと、１９７９年から導入されたのがひとりしか子どもを産んではならないという「ひとりっ子政策」です（写真⑰）。

全国各地に出産を監視する担当者が任命されました。担当地区の家庭でふたり目が生まれると、それを阻止することができなかった担当者の責任も問われるのです。

Q では、妊娠・出産を防ぐために、どんな施策をとったのでしょう？

――**結婚すると子どもができるから、結婚させないようにした。**

なるほど。半分は正解です。若くして結婚すると、子どもがどんどん生まれる可能性がある。とにかく結婚はなるべく遅くしましょ

写真⑰―町中に立てられたひとりっ子政策の大きな看板｜写真提供：AFP＝時事

うと、晩婚が奨励されます。ひとり目の子どもを産んだら避妊手術をする。あるいは、強制的に病院に連れていかれて中絶手術を受けさせられるということが全国各地で起きました。

農村地帯では、労働力となる男の子が後継ぎとして求められます。「ひとりっ子政策」ですから、最初に女の子が生まれると、もう男の子を持つことができません。

農村地方ではどんなことが行われたか。その女の子を生まれなかったことにしたのです。女の子が生まれると、土の中に埋めてしまうのです。その赤ちゃんは、存在しなかったことにする。残酷ですが、農家にとっては死活問題です。

もちろん、自分のかわいい子どもです。殺すことができない親も大勢いました。その人たちは、女の子が生まれた場合、出生届を出さないという手段をとりました。

生まれているのだけど、生まれていない。そういう無届けの子どもたちが大勢いるといわれています。国勢調査によると現在中国の人口は13億7600万人ですが、実際はもっと多いのです。

――生まれたことにされなかった子は、隠れて育てられたのですか？

無届けの子どもたちは、戸籍がないため義務教育を受けることができません。だから、家にいて畑仕事を手伝うのでしょうが、常識や学問を学べないので、社会生活にも支障が出てしまう。そんな子どもたちがたくさんいるのです。

——双子だった時にはどうしたんですか？

なるほど（笑）。双子だからひとりを殺すなんていうことはないわけで、それは例外として問題ないです。いいかな（笑）。

先ほど出生届と戸籍の話が出たので、中国の戸籍について少し話しましょう。中国では1949年の建国後に、戸籍制度が導入されました。全国民の戸籍を都市戸籍と農村戸籍に分けたのです。農村に生まれた人は農村戸籍となり、都市に住むことができなくなりました。膨大な農村人口が都市に流入することを恐れたからです。

また、全国ひとりひとりについて「檔案（とうあん）」という身上調書が作成されます。中国共産党による革命が起きた時点で、先祖が貧農だったか資本家だったかなど、「出身」が記録されています。「出身が悪い」つまり先祖が資本家であったりすると、出世できなくなるという状態が今に至るまで続くことになったのです。

さて、後継ぎと労働力として男の子が望まれたことから、別の問題が生じました。自然界において、男女の出生比率を見ると、やや男性のほうが多いのです。医療制度が発達していない場合、女の子に比べて男の子のほうが小さなうちに病気にかかりやすく、死んでしまうことが多いんです。20歳を過ぎて、ちょうど適齢期を迎えた時に、男女の比がほぼ

1対1になるという自然界の法則があります。

ところが医療が発達すると、乳幼児の死亡率が低下します。だから、先進国では、適齢期の男性のほうが少し多くなっています。しかし、中国では「ひとりっ子政策」の影響で、極端に男性のほうが多いのです。20～45歳の男性は女性より3000万人多いといわれています。適齢期を迎えても結婚できない男性たちが、大勢いるような状態になっているのです。

とてつもない少子高齢化に怯える中国

食料不足の問題を解決するために始めた「ひとりっ子政策」ですが、30年以上も続けた結果、国の基盤を揺るがしかねない問題が起こり始めています。

それが、労働力人口の減少です。このままだと、少子高齢化が急速に進み、経済に大打撃を与えます（図表⑭）。日本も少子高齢化の問題を抱えていますが、「ひとりっ子政策」を続けた中国では、さらに深刻です。

「改革開放政策」以前の中国では、企業はすべて国営でした。退職した後も国営企業が年金を支払ってくれました。国としての年金制度をつくる必要がなかったのです。

農村地帯においては家族みんなで暮らしていますから、年をとったら子どもに養ってもらうのが普通でした。老後に年金をもらって生活するという考え方自体ありません。

ところが、最近では都市部に働きに出る子どもたちが増えてきた。老いた両親の面倒を見ることができる子どもが少なくなってきたのです。現在では、任意加入ですが農村地帯にも年金制度ができました。しかし加入する人は少なく、このままだと農民たちの老後を誰が支えるのか。大きな問題が横たわっています。

少子高齢化は、先進国で起きる現象でした。先進国になると、出生率が下がってきます。医療が発達して平均寿命が長くなり、

図表⑭―**中国の労働力人口比率予測**
｜出典：内閣府（2015年）

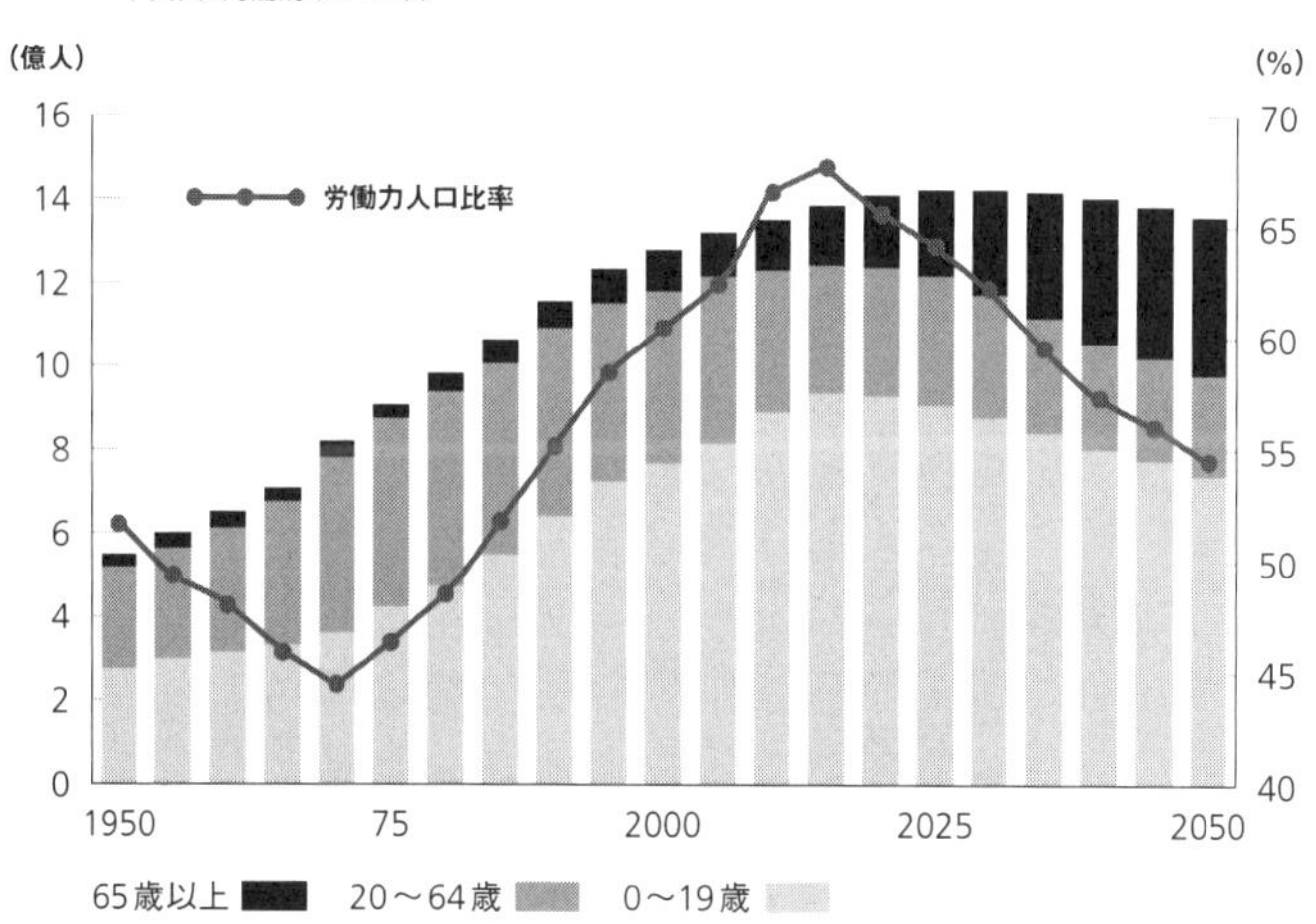

労働力人口とは生産活動の中心となる15～64歳の就業者および失業者の合計のこと。ひとりっ子政策の影響で、2015年をピークに急低下し、高齢化も進んでいます。

少子高齢化が進みます。少数の労働力人口で大勢の高齢者の面倒を見なくてはいけません。年金制度など、社会保障制度が整備されている先進国でも、日本のように少子高齢化対策に四苦八苦している国もあります。

ところが中国では、社会保障制度が整備される前に、少子高齢化に突入してしまいました。現在、中国の65歳以上の高齢者人口は約1億3000万人。今後も、毛沢東が出産を奨励した時代に生まれた世代が、続々と高齢者になっていきます。中国は世界が経験したことのない、とてつもない老人大国になってきているのです（図表⑮）。

2016年になって、ようやく「ひ

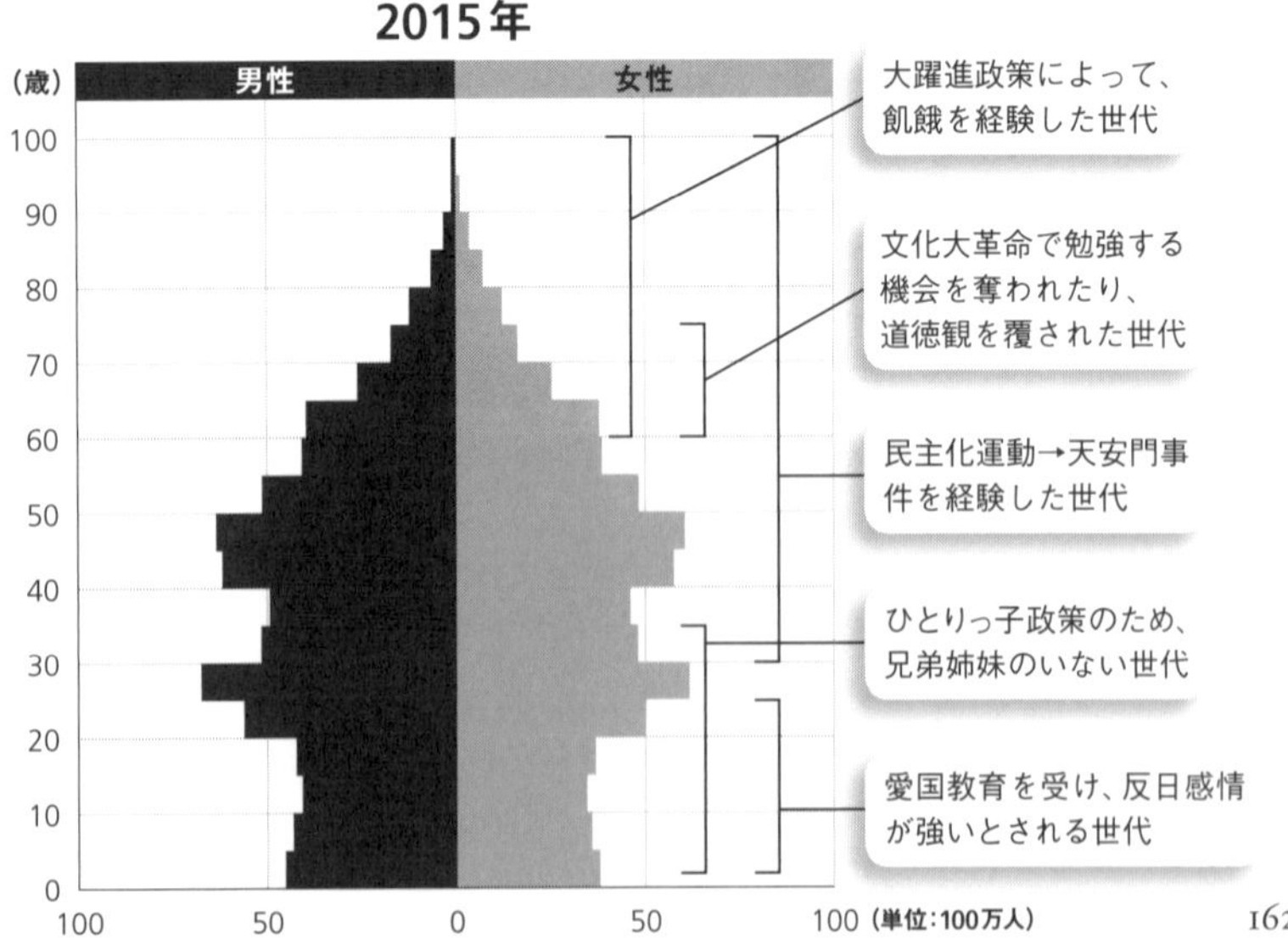

図表⑮―**中国の人口ピラミッド** 2015年現在と2050年予測（左ページ）
出典：国連World Population Prospects 2015をもとに編集部が作成

とりっ子政策」が廃止されました。というても、何人産んでも構わないというわけではありません。ひとりっ子から「ふたりっ子政策」に転じたのです。

しかし都会の家庭では、子どもの将来を考えて教育に力を入れています。教育費がたくさんかかります。子どもひとりでもやっとの思いの家庭にしてみれば、ふたり目を産んでもかまわないと言われても、産もうと思う人は少ないのです。「ふたりっ子政策」に転じても人口が増えそうもない、というのが中国の現状です。

Q 親も子どもも、みんなひとりっ子だと、どういう社会にな

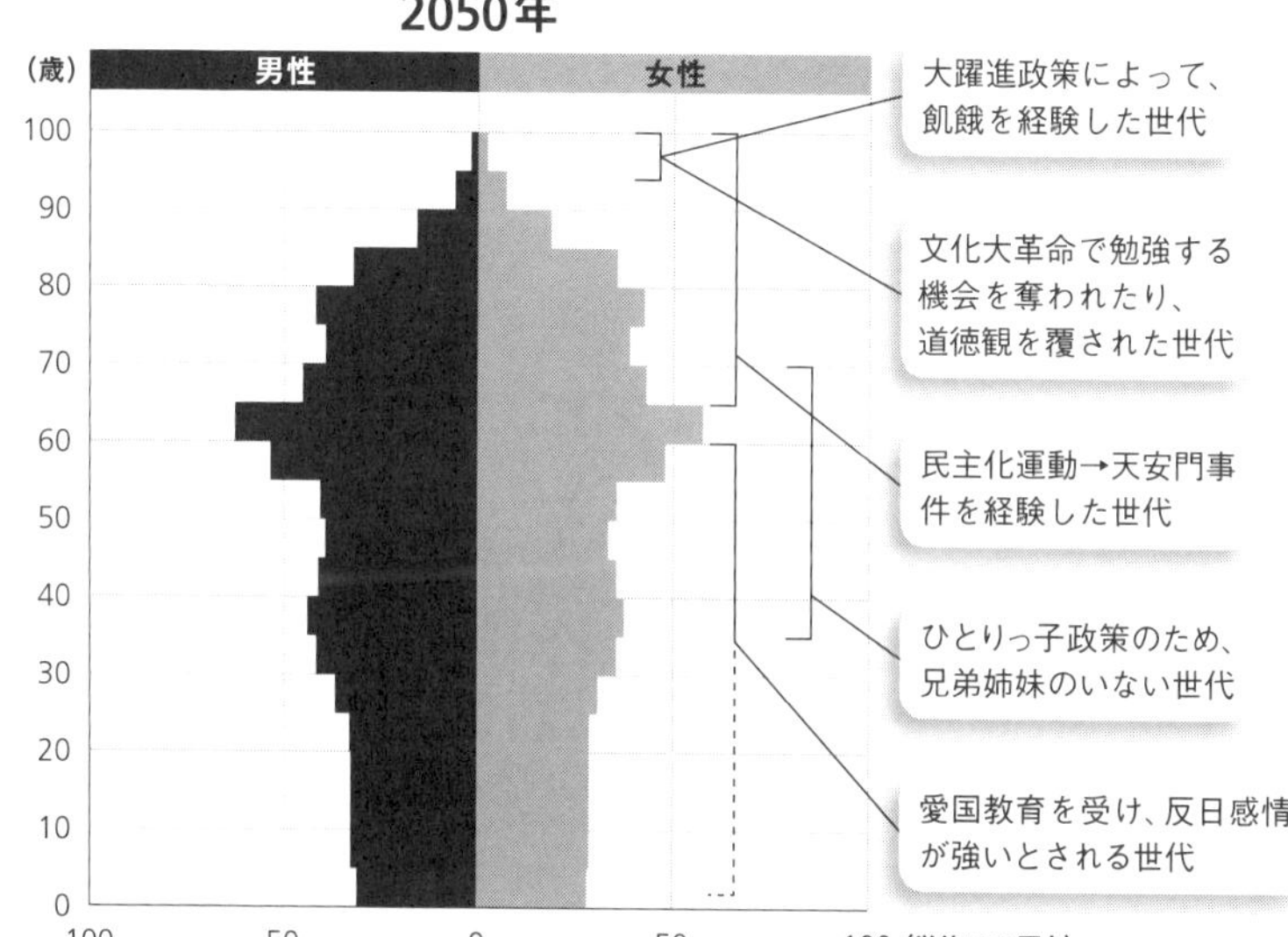

＊それぞれの図右に示した世代の範囲は、その中心となる世代を示す。

ると思いますか？

――兄弟姉妹がいないと、親戚の数が少なくなります。

そのとおりです。ひとりっ子のお父さんとお母さんには兄弟姉妹がいない。ということは、その子どもには、おじさんもおばさんもいない。そして、いとこも存在しない。そんな社会が世界で初めて、中国に出現しています。

「ひとりっ子政策」は、子どもたちの人格にも影響を与えました。両親にしてみれば、たったひとりの子ども。おじいちゃんおばあちゃんにとっても、たったひとりの孫です。生まれた時から、両親や祖父母にちやほやかわいがられて、育ちます。小遣いもたくさんもらえるし、欲しいものは何でも買ってもらえる。

Q そんな子どもたちは、どうなっていくと思いますか？

――わがまま放題に育ってしまいます。

そうですね。中国ではこのような子どもたちのことを「小皇帝」と呼んでいます。文字どおり、家庭内の小さな絶対権力者です。1979〜2015年まで行われた「ひとりっ子政策」時代に生まれたのが、現在35歳以下の若者たち。まさに、これからの中国を担っていく世代です。「小皇帝」たちは、いったいどんな社会をつくっていくのでしょうか。

歴史を振り返ってみると、今の中国の人たちは、世代間にものすごいギャップがあることがわかるよね。大躍進政策で飢餓を経験した高齢者、文化大革命のせいで学校で学べなかった中高年、愛国教育を受けて育ったひとりっ子の若者たち。政策によって生じた世代間の文化のひずみをどう解消していくのか、今後の中国の大問題です。

第5章

「ひまわり&雨傘」から見る中国、台湾、香港

サイバーポリスがネットを監視する

ここからは、一党独裁下の中国では、情報がどのように扱われているのか。そして、中国と微妙な関係を保ちながらも変貌を遂げていく台湾や香港に、情報がどんな影響を与えたのか見ていきましょう。

前回の授業（第4章）で、文化大革命の時に紅衛兵が殺人を行っていた事実は、自由な報道が許されていた香港にも情報が入ってこなかったという話をしました（4章p147）。

中国共産党は、自分たちに都合の悪い情報が国民に伝わらないように、新聞やテレビなどのメディアも共産党の監視下に置いています。

Q では、インターネットは監視されているでしょうか？ 中国のインターネット情報に詳しい人はいるかな。

――中国では、外国のサイトに自由にアクセスできないと聞いています。

さすがデジタルネイティブ世代だね。さっと答えが出てきました。中国政府はインターネットを規制しているので、中国国内から海外の情報に自由にアクセスすることはできません。

グーグルもフェイスブックも使うことができないのです。そのかわり、百度（バイドゥ）という中国独自の検索エンジンや人人網（レンレンワン）、微博（ウェイボー）といった中国製のＳＮＳ（ソーシャル・ネットワーキング・サービス）を使っています。

インターネットは全世界につながっています。インターネットを自由に閲覧できるようにすると、中国に批判的なニュースにも国民が触れられるようになってしまう。そこで、海外へのアクセスを規制して、国内のシステムだけにしておけば監視しやすい、というわけです。

では、どうやって監視しているのか。学校では天安門事件のことをちゃんと教えていないと話しました。では、インターネットではどうでしょう。実は、中国の検索サイトで「天安門事件」を検索しても、何も出てきません。

天安門事件は6月4日に起こったから、「6　4」とキーワードを入れてみます。それでも天安門事件に関するページは表示されません。

どうして、そういうことが起こるのか。中国には、サイバー空間つまりインターネットを監視する専門の警察官が十万人近くいるといわれています。彼らはサイバーポリスと呼ばれています。

サイバーポリスは、24時間体制でホームページやブログ、SNSなどインターネットのあらゆる書き込みの検閲をしています。共産党の悪口が書き込まれたら、直ちにそれを削除するんですね。まさに人海戦術です。悪口を何度も繰り返して書き込んでいると、突然、公安当局に連行されてしまいます。

自由に発言できないのは、息苦しいし、怖いですよね。でも、昔の日本にも国民を監視する仕組みがありました。それが江戸時代の「五人組」です。5軒ひと組になって、互いに見張らせたり、連帯責任を負わせたりするのです。

太平洋戦争直前には、「五人組」を原型とする「隣組」の制度が町内会などに敷かれました。表向きはみんなで協力をして、国のために尽くしましょうというものでした。しかし実際は、政府（当時の日本の場合は軍部）のやり方を批判している者があれば密告され、非国民としてのけ者にされました。

「五人組」のやり方を、今もそのまま使っている国があります。北朝鮮です。「五人組」の中に世話役がいて、その人がほかの4軒を全部監視するのです。金正恩の批判をしたら、即座に密告することが奨励されています。

もし、密告しなかった場合、残りの4軒のうちの誰かが別の場所で摘発されると、その世話役も同罪になります。政府の批判をした本人は殺され、家族だけではなく一族全員が連れ去られて、強制収容所に入れられます。

北朝鮮はあんなにひどい状況なのに、なぜクーデターが起きないのか不思議に思うよね。実は過去にクーデターを起こそうとしたこともあるのですが、全部失敗しているのです。それはなぜか。クーデターの計画を立てていても、最後の最後になって、誰かが裏切るのです。

クーデターが成功すればいいけれど、もし誰かが裏切ったら……。自分は殺されてもかまわないが、残された家族が全員強制収容所に入れられて、一生出られなくなることだけは防ぎたい。家族を守るために、仲間を裏切る人が必ず出てくるのです。北朝鮮でクーデターが成功しないのは、密告を奨励する「五人組」の制度が残っているからなのです。

中国の場合は、どうでしょう。以前、中国の人にどんなことを言ったら逮捕されるのか聞いたことがあります。発言の規制に関しては、かなりゆるくなっていて、共産党の悪口を言ったくらいでは、連行されないそうです。

しかし共産党は間違っている。この国を変えなくてはいけない。そういう発言をした瞬間、「国家政権転覆扇動罪」という罪で捕まってしまうと言っていました。

ただ、習近平の時代になってから、批判をしただけで連行されることもあり、締め付けが厳しくなっているそうです。

情報を規制すると、国民の気持ちがわからなくなる

Q サイバーポリスはネット上の書き込みを取り締まる一方で、共産党の宣伝活動も行っています。どんなことをやっているかわかりますか？

――共産党をヨイショする書き込みを、たくさん行っている。

正解です。掲示板やブログなどに、共産党を褒め称える書き込みを行っています。１本の記事あたりいくらかの報酬を出して、アルバイトに書き込ませているのです。

――中国の人は、その書き込みをうさん臭く思わないのでしょうか？

確かにそうですね。いくら国内のネットを規制しても、日本に旅行に来ている時には世界中のウェブサイトを閲覧することができるわけですから、中国の人たちも、共産党が自画自賛していることはわかっていると思います。

しかしネット上の発言を恣意的にコントロールしていると、大きな弊害が起きます。日本では毎週のように新聞やテレビが世論調査を行って、内閣の支持率を発表します。内閣や与党への支持率が下がってきたら、当然、国民の不満を解消して支持率を回復するための施策を打たなければならないと考えます。

ところが中国には、公式の世論調査機関はありません。新聞やテレビも、政府や共産党の問題点を指摘するような調査は行いません。

中国政府は国民がどんな不満を持っているのか、わからない。選挙もありませんから、国民の声を聞く仕組みがまったくないのです。そこで、どうするのか。ネットの書き込みをチェックするわけですね。

前政権の温家宝（おんかほう）首相は毎朝、執務室に入っていちばんにやることは、ネットを見ることだったそうです。ネットを見て国民がどんな不満を持っているか確認していました。しかし、政権に対する批判はサイバーポリスが全部削除しています。ネット上にあるのは共産党を褒め称える書き込みばかりです。

情報を遮断したことによって、中国共産党や政府は、国民が何を思っているのか、ホンネがわからなくなるという、非常に皮肉なことが起きています。

中国の現状を見ていると、「民主主義は国民に情報が行きわたってこそ成り立つのだ」ということがわかります。

日本では18歳選挙権が始まりました。自分たちで国民の代表を選ぶことができる。それが民主主義です。その時に最も重要なことは、政党や候補者に関する十分な情報を入手できること。情報があって初めて誰に投票するか決めることができます。情報を遮断しているかぎり、中国を民主主義に変えるのは非常に難しいということがわかります。

「ひまわり運動」が「雨傘運動」のきっかけだった

第1章でお話ししたように、1949年に中国と台湾は分断されます（1章p38）。台湾に逃れた蔣介石の中華民国は、毛沢東が率いる大陸の中華人民共和国と対立を続けます。以降2008年まで、中国と台湾は、通信、通商、通航のいわゆる「三通」が断絶。ほぼ交流のない状態でした。さらに1971年に国連を脱退し孤立した台湾の経済は悪化していきます（図表⑯）。

Q 一方、中国の経済は、どうだったでしょう？ 前の授業を覚えているかな。

——**鄧小平の「改革開放政策」以降、経済的な成長を遂げていました。**

よく覚えていましたね。社会主義体制に市場経済を持ち込むという柔軟な発想で、海外からの投資も急増。中国は「世界の工場」から「世界の市場」へと大きく発展していました。

図表⑯—**第二次世界大戦後の中台関係大づかみ**

年	台湾	中国
1945	第二次世界大戦に勝利、日本降伏で国民党が台湾へ進駐	
	国際連合設立メンバーに	
1946	国連安全保障理事会の常任理事国に	国共内戦本格化
1947	二・二八事件 （国民党支配への抵抗運動）	
1949	国民党の全面移入。台北市を中華民国の本拠とする	中華人民共和国建国
1954	第一次台湾海峡危機（人民解放軍が国民党軍駐留の島々を攻撃）	
1958	第二次台湾海峡危機（人民解放軍が国民党軍駐留の島々を攻撃）	
1962	大陸反攻への計画（国光計画）に着手（→実現せず）	
1971	国連脱退	国連安全保障理事会の常任理事国に
1979	アメリカが「台湾関係法」を制定	米中国交樹立。「改革開放政策」開始
1991	中国共産党との内戦状態の終結宣言	対台湾交渉の窓口として「海峡両岸関係協会」設立
1995	第三次台湾海峡危機（中国が台湾周辺海域でミサイル実験）	
1996	初の住民直接選挙による総統選挙（李登輝が当選）	
2000	民進党による初の政権交代。脱中国化へ	
2008	「外交休戦」。通信・通商・通航の「三通」解禁	
2010	両岸経済協力枠組協定締結	
2015	1949年の分断後、シンガポールで初めての中台首脳会談	

＊▒▒は双方に共通の出来事。また中国・台湾のより詳細な年表は巻末p230にあります。

中国と反目したままではいけないと、２００９年に、中国資本による台湾投資が解禁されます。今は民進党の蔡英文（さいえいぶん）政権ですが、当時は国民党の馬英九政権の時代。中国と台湾が分断した当時は、中国共産党と激しく対立していた国民党ですが、台湾独立を掲げる民進党との政治的抗争の中で、中国と仲良くしようという考え方に変わってきました。国民党はもともと大陸からやってきました。いつかは大陸に帰りたい、という思いがあったのでしょう。

さらに中国との距離を近づけようと、２０１４年3月17日、台湾の立法院で台湾と中国間の市場開放を目指す「サービス貿易協定」の締結に向けた審議が行われました。中国と自由に貿易をして、台湾経済を盛り上げようという考えです。

ところが、そんなことをしたら台湾は巨大な中国資本に飲み込まれてしまう。そう心配してサービス貿易協定に反対した３００人を超える学生たちがデモを行い、3月18日、立法院に突入します。立法院は、日本の国会にあたる場所です。学生が立法の中枢を占拠したのです。

学生たち同様、サービス貿易協定に反対する意見の人も多く、学生たちを応援しようという世論も高まります。インターネットで学生たちがひまわりを掲げている様子を見た支援者たちが、立法院を占拠中の学生たちに大量のひまわりの花を贈りました。ここからこの学生運動は「ひまわり運動」と呼ばれるようになります（写真⑱）。インターネットで配信された情報が、学生たちの運動を後押ししたのです。

なかには強硬派の学生もいて、台湾の内閣にあたる行政院に突入し、警察が出動して逮捕者も出ました。しかし基本的に「ひまわり運動」の学生たちは、暴力ではなく対話を求め続けます。

馬英九総統は、「サービス貿易協定」の制定を強行する姿勢も見せましたが、最終的に学生たちと対話することを選択します。その結果、中国との「サービス貿易協定」の締結は見送られることになり、4月10日、学生たちは立法院から退去しました。

学生たちの行動が、政治を動かしたのです。

写真⑱—台湾の「ひまわり運動」｜写真提供：朝日新聞社
立法院を占拠する学生らの呼びかけに応じて抗議集会に集まった人たち。彼らは手に手にひまわりの花を持っていました。

この運動により、馬英九総統と国民党の支持率は急激に下がります。「ひまわり運動」が、2016年の台湾総統選で、野党・民進党へと政権交代したきっかけになったともいわれています。

台湾の学生たちが起こした「ひまわり運動」は、香港の若者たちに刺激を与えました。自分たちも世の中を変えることができるかもしれない、と香港の若者たちが立ち上がったのです。

Q 2014年9月に、香港で起きた反政府運動の名前を知っていますか？

——**「雨傘運動」です。**

よく知っていましたね。では、なぜ「雨傘運動」は起こったのか。その結果はどうなったのか。詳しくお話ししていきましょう。

1997年に香港は、イギリスから中国に返還されました。その時、中国政府は「50年間、香港の民主主義はそのまま維持する」という「一国二制度」（p52図表③）を約束しました。

しかし香港のトップである行政長官を選ぶ仕組みは、中国が一方的に押しつけたのです。香港の住民による直接選挙によって選ばれた行政長官は、住民の信任を背景に強い力を持ちます。つまり香港の大統領のような存在になるのです。

中国共産党にとって、これは都合が悪い。「一国二制度」を認めたとはいえ、香港は独立したわけではなく、中国に返還されたのです。香港のトップである行政長官は、中国共産党の言うことを聞く人でなければいけません。

中国共産党は、香港市民を代表する１２００人の選挙委員が行政長官を選ぶという仕組みをつくりました。選挙委員による投票ということは、香港の一般の人たちは直接投票することができないということです。

選挙委員は、さまざまな職業の団体の中から選ばれるのですが、必ず過半数は共産党の息のかかった人たちが占めるようになっています。もちろん全員香港の人たちですが、中国共産党の支持者が半分以上いて、その人たちが選挙で行政長官を選ぶわけです。

香港の行政長官は、表向きには住民の代表による選挙で選ばれたというかたちをとりながら、実は中国共産党のコントロール下に置かれているのです。

香港の人たちは、中国共産党から押しつけられた選挙の仕組みに不満を持っていました。しかし香港返還時に定められた香港基本法で、将来的に行政長官の選挙は普通選挙に移行することが約束されていました。

２０１７年から行政長官は、香港の住民たちによる直接選挙で選ぶことが決定します。

香港の人たちは、これで民主主義を取り戻すことができると喜びました。

しかし、ここでまた中国共産党が介入します。直接選挙にはするけれど、行政長官候補の指名委員会を結成し、立候補者は指名委員会が決めるという仕組みにしたのです。もちろん指名委員会の過半数は中国共産党の息のかかった人たちです。つまり中国共産党の意に沿った候補者だけが選ばれます（図表⑰）。

反民主主義的な中国共産党のやり方に対し、香港の学生たちが怒りの声を上げました。直接選挙と言いながら、結局中国共産党が香港の代表を決めるのではないか。これは偽りの普通選挙だ。真の普通選挙にさせようと、学生たちは集会を開き、街頭に出て抗議活動を行い、デモ行進をしました（写真⑲）。

図表⑰—**香港の行政長官選挙のカラクリ**

	選挙の運営は？	候補者の選出は？	投票権は？	当選は？
2012年の選挙制度	香港在住の1200人で構成する選挙委員会（過半数は中国共産党のシンパが占める）	選挙委員会の8分の1以上の推薦でOK。そのため民主派（中国共産党シンパ以外）でも立候補できる	選挙委員のみ	**共産党シンパ（梁振英）**
2017年の選挙制度	香港在住の1200人で構成する指名委員会（過半数は中国共産党のシンパが占める）	指名委員会の過半数の支持が必要。結果として候補者はみな中国共産党の関係者となる	18歳以上の香港市民	**共産党シンパ**

改正された選挙制度は、一見、市民が有権者の普通選挙ですが、候補者が中国共産党関係者のみなので、結局は中国側（中国共産党）が実権を握ることになります。

写真⑲―香港の「雨傘運動」| 写真提供:AFP=時事

香港各地の学生たちが抗議のため授業をボイコットし、香港中文大学に集まりました。

抗議活動が激しくなると、警察が催涙ガスをまいて学生たちを追い散らそうとします。学生たちは透明のビニール傘で、催涙ガスを防ごうとしました。雨傘で警察の取り締まりを防ごうとした。それが「雨傘運動」という名前の由来です。

「雨傘運動」を行った学生のリーダーは、まだ17歳の少年でした。彼らはものを破壊するような、過激な行動は行いません。台湾の「ひまわり運動」のように議会を占拠するわけでもありません。基本的には非暴力による抗議行動でした。

学生たちの非暴力のデモに対し、催涙ガスを使う警察の映像がメディアで繰り返し流されました。「雨傘運動」に参加した学生たちは、香港の住民たちの同情を呼び、香港の中に政治に対する不満が広がっていきました。

しかし、香港の行政長官は、中国共産党の支持者です。中国共産党が決めた選挙制度を守ります。学生たちがどんなに声を張り上げても、聞き入れられるわけがありません。香港の人たちがいくら抗議運動をしても、選挙制度を変えることはできませんでした。

「ひまわり運動」と「雨傘運動」、どちらも学生たちによる非暴力の抗議運動であることは共通しています。暴力的な抗議行動ではなかったことで、どちらも住民の支持を集めました。しかし、台湾の「ひまわり運動」は成果を上げ、香港の「雨傘運動」は失敗に終わりました。

Q「ひまわり運動」と「雨傘運動」、このふたつの運動の、成否を分けた要因は何でしょう？

――香港は警察が出動して、デモ隊と衝突したから。

台湾でも警察とデモ隊の小競り合いはありました。この質問はちょっと難しかったね。台湾の政治は、中国から完全に独立しています。中国共産党の影響を受けることのない、民主主義が定着しています。住民みんなが怒って反対すれば、政治を変えることができます。

しかし香港では形式上、民主主義は継続していますが、中国共産党の介入を受ける立場です。「雨傘運動」で動かすべき相手は、香港政府ではなく中国共産党だったのです。住民がどんなに声を上げても、中国共産党が動かないかぎり変化は起こりません。

「雨傘運動」は尻すぼみになり、デモへの参加者は次第に減っていきました。それでも何人かの若者たちは、香港の中心部で座り込み続けました。学生が座り込みを続けている間は、住民たちがその道を通れなくなります。

日常生活に支障をきたし始めた香港の人たちから、「あいつらはいつまで抗議を続けているんだ」と批判の声が上がり始めます。79日間に及ぶ「雨傘運動」は、終わりを告げました。台湾と香港ではこんなに違うということです。

香港には、純粋な民主主義はありませんが、報道の自由がありました。政治に不満を持っていた香港の若者たちは、さまざまな報道によって台湾の学生が起こした「ひまわり運動」が世の中を動かしたことを知ることができたのです。結局「雨傘運動」は失敗に終わりましたが、台湾から伝えられる情報に触発されて、「雨傘運動」が起こりました。情報には、世の中を動かす力があるのです。

香港で脅かされる言論の自由

ところが、香港で報道の自由がこれからも守られていくのか、心配な事件が起きました。2015年10月、香港の書店の店長や関係者5人が次々に消息を絶ったのです。その書店では、中国の習近平国家主席や中国共産党のやり方を批判する本を扱っていました。

さらに12月30日には、書店の株主が突然姿を消しました。その後、中国の深圳(しんせん)から、奥さん宛に私は無事だという電話がかかってきました。香港と深圳は、すぐ近くです。しかし、香港と中国の間は自由に行き来できません。中国に返還されてからも、香港の住民である身分証明書を見せないと、香港を出ることはできないのです。ところが、身分証明書は家に置いたままでした。香港から出ることはできないわけです。どうやって深圳に行ったのか、問題になりました。

2016年3月になって、株主を含む3人が、無事に香港に戻ってきました。客観的に見れば、明らかに中国当局に拉致され、取り調べを受けて、脅されて、香港に戻ってきたとしか思えません。しかし、彼らは自分の身に何が起こったのか一切語ろうとしないのです。「もう、書店を閉じる」と言いました。

6月には、書店の店長が戻ってきました。彼は「中国当局に拘束され、24時間監視された」と認めました。事実ならば、言論・出版の自由を保障した「一国二制度」を揺るがす大問題です。

この事件以来、香港の多くの書店は中国を批判する本を並べなくなりました。中国政府は香港での言論の自由は保障するというけれど、現実には何があるかわからない。うっかり、不用意な発言はできないという空気が広まっている。それが今の香港です。

中国では、「ジャスミン革命」は起こらなかった

中国の話題から少し脱線しますが、情報が世の中を動かした出来事が、2010年から

11年にかけて北アフリカのアラブ諸国で起こりました。

Q アラブ諸国で起こった一連の民主化運動は何と呼ばれていますか？

――**「アラブの春」です。**

正解です。まず、2010年の暮れにチュニジアでベン＝アリー大統領による独裁政権を打倒すべく、民主化運動が起こりました。独裁政権は打倒され、大統領はサウジアラビアに亡命します。この革命は、チュニジアの代表的な花にちなみ「ジャスミン革命」と呼ばれました。

「ジャスミン革命」の成功を口火に、独裁政権下にあったエジプト、リビア、シリアで次々と民主化運動が起こりました。この一連の民主化運動が「アラブの春」です。

チュニジアで独裁政権を打倒した「ジャスミン革命」のニュースは、中国にも伝わりました。中国の若者たちも、「ジャスミン革命」のような反政府運動をやろうと考えました。

Q しかし、中国では何も起こりませんでした。なぜでしょう？

――**中国共産党の取り締まりが厳しかったから？**

確かに厳しいよね。でもアラブの国々も独裁政権です。中国以上に反政府運動を厳しく取り締まっていたはずです。

中国とアラブ諸国の間で、何が違っていたのでしょう。「アラブの春」は、ツイッターやフェイスブックなどＳＮＳを介して運動が広がっていったと言われています。もちろんＳＮＳの力も大きかったと思います。でも、それだけでは、国を超えて大きな運動に広がることはできなかったと思います。

反政府集会を開こうと、ツイッターやフェイスブックで情報を拡散します。しかし、その情報はツイッターやフェイスブックをやっている人だけにしか伝わらない。

アラブ地域には貧しい人たちも多く、その人たちは情報に接することができません。ＳＮＳの発信だけでは、小規模な集会しかできないのです。

ところが、アラブ地域にはアルジャジーラという衛星放送があったのです。アルジャジーラは、自由な報道をするニュース専門チャンネルです。

もともとイギリスのＢＢＣが、アラブ地域でニュースを流すための放送局をつくろうと計画していました。この計画が頓挫（とんざ）したため、カタールの首長（しゅちょう）（王様）がポケットマネーを出してつくった放送局がアルジャジーラです。

アルジャジーラの記者は、世界でもトップクラスの報道機関であるＢＢＣで言論の自由を貫く訓練を受けています。当然、アラブ諸国の独裁政権に対する批判も自由に報道します。

アラブの独裁国家にある放送局はすべて国営放送。もちろん独裁政権を批判するような報道は行いませんし、反政府活動も一切報道しません。

ところが、アルジャジーラは自由に報道します。アラブの放送局なので、ニュースはアラビア語で放送されます。アラブ地域には、読み書きができない人もいますが、アラビア語放送だと内容は伝わります。しかもアルジャジーラは衛星放送です。どの地域の人も、パラボラアンテナさえつければ見ることができたのです。

チュニジアの反政府活動も最初は小さな運動でした。ＳＮＳの情報を頼りに集まった人たちをアルジャジーラが取材します。「次は何日にどこに集まろうと言っています」と報道すれば、チュニジアにいる人たちみんながその情報を知ることができるわけです。一挙に反政府集会が盛り上がり、政権は倒れました。

チュニジアの「ジャスミン革命」の成功が、アルジャジーラによって報道されます。リビアでもエジプトでもシリアでも、アルジャジーラを見ていた人たちが、自分たちもチュニジアのようにやればいいんだ、と集まるようになります。こうして、「アラブの春」が起きました。

「ジャスミン革命」後に、チュニジア国内での政治や宗教による対立を防ぐため、対話を仲介し平和的に政権移行を行った四つの団体、チュニジア国民対話カルテットに対して、2015年ノーベル平和賞が授与されました。

中国にはアルジャジーラがなかった

中国でも、「ジャスミン革命」の成功を知った若者たちが、反政府運動を行おうとしました。しかし中国では、反政府集会をやろうとネットに書き込んだとたん、サイバーポリスによって削除されてしまいます。

中国の若者たちも工夫して、「ジャスミンティーを飲みに行きましょう」という隠語を使いました。

しかし、百戦錬磨のサイバーポリスは、若者たちが反政府集会を行おうとしていることを察知します。若者たちが来る前に、集会場所に指定された道路の清掃を始めました。放水して人が集まれないようにしたのです。

中国とアラブ諸国の最も大きな違いは、アルジャジーラのように自由な報道ができる放送局がなかったということです。「アラブの春」は、SNSで始まった小さな運動をアルジャジーラが報道して大きく広がりました。中国でも、SNSを通じてごく一部の人は集まることはありましたが、中国のメディアはそれを報道しません。結局中国のほとんどの人は、反政府運動が起こりつつあることすら知らないままでした。

ここまでの話をまとめると、情報が世の中を動かすこともある。だから、情報を遮断すれば、世の中が動くことを抑えることができる。しかし権力者は、情報を遮断することによって、自分も情報が得られなくなる。市民にとっても権力者にとっても、いかにして情報を味方につけるのかが、これからますます重要になってくる、ということになりますね。

――中国では当局が先回りして集会を防ぐことができたのに、アラブ諸国の政府はなぜできなかったのでしょう？

なるほど。いいところを突いてきましたね。アラブ諸国の政府の役人たちもアルジャジーラを見ているから、集会の情報をつかんでいたはずです。

それなのに、なぜ取り締まることができなかったのか。そこにはアラブ諸国の宗教、イスラム教の習慣が大きく関わっていました。

キリスト教世界の休日は日曜日ですが、イスラム世界では金曜日です。イスラム教徒は一日に5回、メッカの方角に向かってお祈りをします。休日である金曜日のお昼には、みんなでモスクに集まって集団礼拝することが望ましいとされているのです。

「アラブの春」の時には、金曜日に行われる集団礼拝が終わった後に、集会を開こうと呼びかけたのです。独裁者もイスラム教徒です。モスクの中で取り締まりを行って、イスラム教徒の祈りを妨げることはできません。

巨大なモスクには、何千もの人たちが集まります。礼拝が終わった人たちは広場に移動、反政府集会を開き、あっという間に大きな運動に広がっていったのです。

しかし、中国では、国家よりも宗教よりも、共産党が上にいます。どんな抜け道を探して反政府運動を行おうとしても、結局は弾圧されてしまうのです。

第6章
「外交戦略」から見る中国、台湾

中国にも大航海時代があった

今、南シナ海で、中国の行為が国際的な問題になっています。南沙諸島（スプラトリー諸島）のサンゴ礁などを埋め立てて、滑走路を建設しているのです。

Q 中国は、なぜ南シナ海で次々と埋め立てを行っているのでしょう？

――自分たちの領土を広げようとしている。

惜しいですね。海の上だから、領土ではなく領海です。各国の領海は国連海洋法条約で、それぞれの海岸から12海里（約22キロメートル）までと定められています。領海は、領土、領空と同様に、その国の主権及び法律が適用される区域です。一方、排他的経済水域とは、水産資源や鉱物資源の調査、採掘などを他国がその海域内で活動してはいけない区域。200海里（約370キロメートル）までが排他的経済水域です。

現在の海洋法に照らせば、もちろん南シナ海は中国だけのものではありません。南シナ海すべてを中国のものだとするには無理がありすぎます。中国は、台湾、ベトナム、フィリピン、マレーシア、ブルネイと、この海域の領有権をめぐって争っています（地図③）。

地図③—南シナ海で各国が主張する領域

地図を見てください。フィリピンの西あたり、あるいはマレーシアの北あたり、ここが南シナ海です。南沙諸島は、約100の島からなり、中国の本土からは遠く離れていますが、1970年代後半に海底油田の存在が確認されると、各国が相次いで領有権を主張しました。1974年と88年にはベトナムと中国が軍事衝突。ベトナム軍に死者が出て、中国が占領した島もあります。

フィリピンは、中国の独自境界や人工島の正当性は認められないとして、2013年にオランダ・ハーグの常設仲裁裁判所に提訴。南シナ海問題をめぐる初の司法判断として注目を集めました。判決は提訴したフィリピンの主張をほぼ全面的に認めるものでした。中国外務省は「判決は無効で拘束力はなく、中国は受け入れない」との声明を出し、反発しています。上訴はできず、国際法上の判断は定まりましたが、強制的に従わせる手段はありません。周辺国やアメリカとの緊張は高まっています。

中国の本土からすごく離れているのに、なぜ中国は南シナ海全体を自国の領海だと主張しているのか。

その根拠は、明の時代（1368～1644年）にさかのぼります。現在の中国は中華人民共和国、その前は中華民国、その前は清、そしてその前が明です。かなり昔の話ですね。

では、明の時代の中国の地図（地図④）を見てください。海の中に線が引かれて、鄭和の航路が記されています。

Q 鄭和って、いったい何者でしょう？

――わかりません。

鄭和は明の永楽帝に命じられて、１４０５年から１４３３年にかけて７回の大航海を行った人です。中国の雲南省昆陽で生まれ、祖先は元代に西アジアから移住してきたイスラム教徒でした。元が明に敗れ、雲南にいた鄭和は明軍の捕虜となり、宦官となって永楽帝に仕えました。宮廷の役所のうち、物資の調達や土木・建築工事にたずさわる「内宦官」でトップの地位につき、南海大遠征の司令官に任命されます。

地図④―明時代の鄭和の航路

航海路の地図を見てみましょう。東南アジアからインド洋、アラビア海を渡る大航海です。アラビア半島や東アフリカまで行っています。驚くよね。

「鄭和が大航海で南シナ海を開発した。それ以来、南シナ海は中国のものなのだ」というのが中国の理屈なのです。ここで、大航海という言葉が出てきました。

Q 大航海と聞いてどんな人物を連想しますか。

――バスコ・ダ・ガマやコロンブス、マゼランなどです。

そうですね。普通はスペインやポルトガルが中心となった大航海時代を思い出しますよね。15世紀の半ばから17世紀にかけて、アフリカや、アジア、アメリカ大陸に向けて大規模な航海が行われました。

コロンブスが西インド諸島のバハマ諸島に到着したのが１４９２年。バスコ・ダ・ガマがアフリカ最南端の喜望峰を回ってインドに到達したのが１４９８年。そしてマゼランが世界一周に出発したのが１５１９年です。

歴史のテストのように年号を並べたのには、理由があります。鄭和が第1回の大航海に出発したのは１４０５年。60隻以上の大船団を率いて１４０７年、インド西南部のカリカットに到着したとの記録が残っています。

図表⑱—明代の大航海者　鄭和

●プロフィール

中国発行の鄭和航海600年記念切手

- 1371年頃〜1434年頃
- 雲南省昆陽出身
- 先祖は元代(1271〜1368)に西アジアから移住してきたイスラム教徒
- 宦官として永楽帝に仕える
- イスラム教徒であることが、航海長に抜擢された理由のひとつ
- 栄養対策として船上に50センチの盛り土をし、野菜を栽培(ビタミン補給)
- アフリカからキリンを連れ帰る(ほかにライオン、ヒョウ、ダチョウなども)
- 7回目の航海で部下がイスラム教の聖地メッカに到達

その頃日本は…
将軍足利義満の時代。1401年、明との国交を開き、日明貿易を行った。

●鄭和の航海時期とヨーロッパの大航海時代の比較

	航海時期	回数	航海路
鄭和	1405〜1433年	7回	中国→インド洋→中東、東アフリカ
バスコ・ダ・ガマ	1497〜1524年	3回	ポルトガル→アフリカ南端→インド(カリカット)
コロンブス	1492〜1504年	4回	スペイン(インドを目指す)→大西洋→(中央アメリカ)サンサルバドル島
マゼラン	1519〜1522年	1回	スペイン→大西洋(南アメリカ南端)を経て西回りで世界一周

●鄭和の「宝船」とコロンブスの「サンタマリア号」の比較

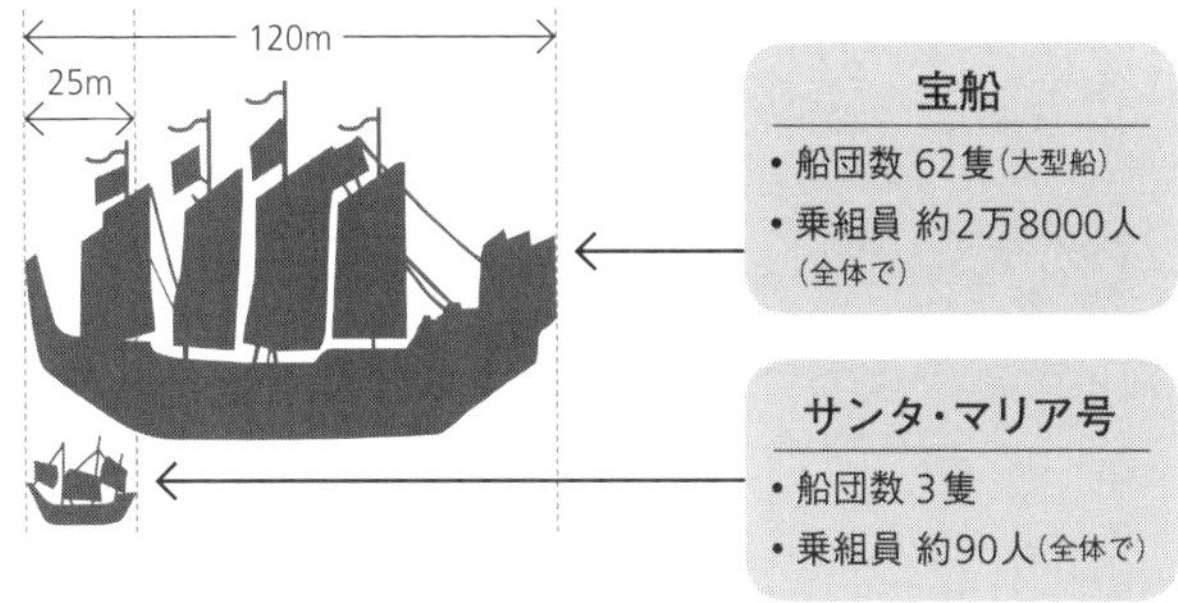

なんとコロンブスより90年も前に、鄭和は大航海を行っていたことになるのです（p199図表⑱）。ヨーロッパの大航海より、中国のほうがずっと早かった。そして、航海術も含めて中国はものすごい技術を持っていたのです。

鄭和の船とコロンブスの船とを比較すると、当然コロンブスの船のほうが大きいと思うでしょう。ところが鄭和の船に比べて、コロンブスの船の小さいこと。大きさには諸説ありますが、コロンブスのサンタ・マリア号は全長約25メートル。鄭和の船（宝船（ほうせん））は全長約１２０メートルもあったそうです。

鄭和はとてつもなく巨大な船で構成された大艦隊を率いて、28年間で7回もの大航海を行い、南シナ海からさらにインド洋に向かって乗り出して、アフリカまで到達しました。

鄭和がアフリカに行ったことがどうしてわかるのか。アフリカの南にジンバブエという国があります。ジンバブエで発見された遺跡から、鄭和が中国から運んだと思われるさまざまなものが出土しました。

それで中国とアフリカには交易のルートがあったということが、科学的に裏づけられたのです。

鄭和の艦隊は、さらにアラビア半島のメッカまで行っています。

Q 鄭和はなぜ、メッカを目指したのでしょう？

——？？

鄭和の家系は、代々イスラム教徒でした。鄭和にとっては、イスラム教の聖地メッカを巡礼することが夢だったのです。北アフリカや西アジアには、イスラム教の国が多い。明の永楽帝が鄭和を大船団のリーダーに指名したのはイスラム教徒だったから、ともいわれています。

地図の北アフリカのあたりを見てください。モガディシュという地名があるでしょう。現在のソマリアの首都です。鄭和はソマリアで「キリン」と呼ばれる首の長い動物を手に入れます。キリンの首があまりにも長いので、甲板をくり抜いて首だけが上に出るように船を改造して、明まで連れて帰りました。鄭和がキリンを連れて帰ると、永楽帝は大喜びしたと伝わっています。中国では日本のビールの商標になっているような姿をした「麒麟（きりん）」が吉兆をもたらす伝説の動物として知られており、このキリンこそが実物の「麒麟」と思ったのでしょう。

15世紀の初めにアフリカから中国までキリンを船に乗せて運んだ。それが、どのくらいすごいことか想像できますよね。このことからも中国は明の時代、隆盛を誇っていたことがうかがえます。

明時代の栄光よ、再び

明の栄華もやがて衰え、清の時代に入ります。清の時代に中国は、アヘン戦争によって香港をイギリスに奪われ、マカオをポルトガルに奪われました。さらに日清戦争に敗れ、日本に台湾を奪われてしまいます。

明は漢民族の王朝ですが、清は北方の満州民族の王朝です。現在の中国人の90％以上は漢民族。漢民族が築いた明の時代は偉大な帝国だったのに、満州民族の清の時代に中国は小さくなってしまった、という思いがあるんですね。

さらに、中華民国になってからも、欧米の列強が介入してきて、上海にはイギリス、アメリカ、フランスの租界がつくられます。租界というのは治外法権の外国人の居留地のことです。

現在中国は経済的な大発展を遂げ、世界有数の大国に成長しました。力が強くなってくると「明時代の栄光よ、再び」という思いが募ってきたのです。習近平は、「我々漢民族は、かつて世界に大きな力を誇っていた。それを復活させることが、権力者としての自分の使命だ」と考えているのです。

ロシアのプーチン大統領も同じです。プーチン大統領は、モスクワではなくサンクトペテルブルクで生まれました。ソ連時代サンクトペテルブルクは、レニングラードと改称されましたが、もとは帝政ロシア時代にピョートル大帝が築いた首都でした。その後、エカテリーナ2世が領土を拡大し、大帝国を築いたのです。

ロシア帝国が滅び、社会主義国家のソ連が誕生します。しかしソ連崩壊後のロシアは、栄光の帝国時代に比べれば、はるかに小さな国になっていました。

プーチン大統領の執務室には、エカテリーナ2世とピョートル大帝の肖像画が飾られているそうです。それだけでも、プーチンが何

地図⑤—習近平の「一帯一路」構想

を求めているか想像できるでしょう。「偉大なロシアの栄光よ、再び」それがプーチン大統領の野望なのです。

話を中国に戻しましょう。明時代の栄光を取り戻そうという中国の大構想が「一帯一路」です。２０１４年に開催されたアジア太平洋経済協力首脳会議で習近平が世界に向けて提唱しました。簡単にいうと、陸のシルクロードと海のシルクロードを、改めて現代においてつくろうという壮大な計画です。

「一帯一路」のイメージ図（p203地図⑤）を見てください。海のシルクロードはアフリカを経由してヨーロッパまで伸びています。中国はアフリカに進出し、大勢の中国人が働いています。これから発展が期待されるアフリカと経済的にさらに密接な関係を築こうと考えているのでしょう。

陸のシルクロードは、中央アジアに高速道路や鉄道を建設することで、ヨーロッパまで一直線で結んでしまおうというのですから、スケールが違います。習近平国家主席は、「一帯一路」によって世界に大きな影響を与える、偉大な国を改めてつくり直そうと考えているのです。

中国が南シナ海を埋め立てる本当の理由

中国が自分のものだと主張する南シナ海は、中国から伸びた舌のように見えるところから「中国の赤い舌」（p195地図③）と呼ばれています。

Q 赤い舌が全部自分のものだという中国の主張に対し、東南アジアの国々はどんな反応をしているのでしょう？

――怒るはずです。でも、中国の力が強いので反対しきれないとか……。

当然、周辺諸国と摩擦が起きますよね。それが最近の南シナ海での紛争です。ベトナム、フィリピン、インドネシア、マレーシア、ブルネイなどの国が南シナ海と接しています。それぞれの国にしてみれば、自分たちの目の前の海を、遠く離れた中国の領海だといわれても納得できません。

フィリピンは、この海を南シナ海と呼ぶのが悪いのだと言い出しました。シナというのはチャイナ、つまり中国のことです。南シナ海は、南中国海という意味になる。だから、中国が自分の海だと言い張るのだ。そう考えて、南シナ海ではなく、西フィリピン海と呼んでいます。

しかし、大帝国復活を目指す習近平の中国にとって、フィリピンなど周辺諸国の意見など関係ありません。南シナ海の南沙諸島のあたりを人工的に埋め立てて軍事基地を造り続けています（写真⑳）。

中国は島を埋め立てているという言い方をしていますが、実は暗礁を埋め立てているのです。暗礁というのは水面下にあるサンゴなどでできた岩礁のことです。

国際海洋法という法律があって、島の定義というのがあります。島とは満潮になっても海面から顔を出す部分があり、なおかつ、その地が生活や経済的な活動に使われているもの、と定めています。つまり、中国が南シナ海で埋め立てているほとんどはサンゴ礁であって島ではありません。

Q 島ではないと、どういうことが起こるのでしょう？

――領土ではないので、南シナ海を自分たちの領海だと主張できなくなります。

そのとおりです。中国が埋め立てている場所が本当の島ならば、その周囲12海里は中国の領海になります。しかし、中国が埋め立てているのは島ではありません。サンゴ礁をコンクリートで固めているだけなのです。国際法的に中国は、領海を主張することはできな

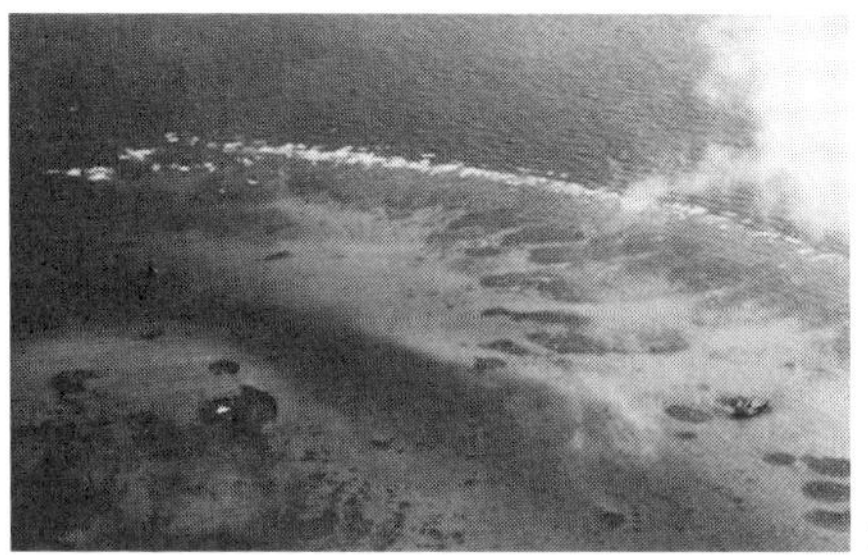

2012年3月

2013年2月

2014年3月

2015年5月

写真⑳―南沙諸島の岩礁に造られた基地｜写真提供:時事(フィリピン外務省・同国軍事関係者)
撮影された角度は違いますが、南沙諸島のジョンソン礁を埋め立て、基地ができていく様子がよくわかります。

いのです。

なぜ中国は、国際海洋法を無視してまで、埋め立てを強行するのでしょう。領海を広げたいという意図もありますが、それ以上にサンゴ礁を埋め立てて軍事基地を造ることには、もうひとつの大きな意味があるのです。

Q 中国が南シナ海に軍事基地を造る、もうひとつの理由は何でしょう？

――東南アジア諸国に対する牽制でしょうか？

大帝国復活を目指す中国にとって、東南アジアよりももっと重要な場所があります。それが台湾です。中国はひとつ。台湾も中国の一部だというのが中国側の考え方です。しかし、台湾は「現状維持」を主張しています。台湾を手に入れてこそ、大中華が完成する。中国は栄光を取り戻すことができるんだ、という強い思いを持っているのです。

台湾は独立するのか？

――台湾は中国沿岸からのほうがずっと近いのに、なぜわざわざ南シナ海に基地を造らないといけないのですか？

いいところに気がつきましたね。その背景を説明しましょう。

台湾は1988年から総統（88～90年は総統代行）を務める李登輝のもと、民主化路線を進みます。李登輝は台湾独立が持論です。それまで国民党内の選挙で選ばれていた総統も、台湾の住民による直接選挙で選べるように改革を行いました。

台湾の人たちが自分たちの投票でリーダーを選ぶようになると、台湾は中国から完全に離れ独立した国になってしまう恐れがあります。そう危惧した中国は、台湾を威嚇（いかく）するため1995年から96年にかけて台湾周辺の海域で軍事演習を行いました。ミサイル実験という名目で、台湾の近海にミサイルを撃ち込んだのです。

図表⑲—**歴代の台湾総統**

任期	総統	出自	事績	独立への意識
1948～1975年	蔣介石（国民党）	外省人	軍事独裁を堅持。大陸反攻を目指す	×
1975～1978年	厳家淦（国民党）	外省人	蔣介石路線を継続	×
1978～1988年	蔣経国（国民党）	外省人	民主化に着手。政府要職に積極的に本省人を採用	△
1988～2000年	李登輝（国民党）	本省人	初の本省人総統。民主化推進。中国共産党との内戦終結宣言→「ふたつの中国」へ	○
2000～2008年	陳水扁（民進党）	本省人	独立派。だが任期中には積極的に独立を推進しないことを宣言	○
2008～2016年	馬英九（国民党）	外省人	分断後初の中台首脳会談など、積極的な関係改善へ乗り出す。反日派とも	△
2016年～	蔡英文（民進党）	本省人	経済面では中台協調を示しているが…？	△

さらに中国大陸の海岸で上陸演習も行いました。どこへの上陸を想定しているか明らかですよね。台湾が独立しようとしたらいつでも攻めていくぞ、と中国は圧力をかけたのです。

中国には、国家を分裂しようとする動きがあれば、非平和的な手段をとってでもこれを阻止するという「反国家分裂法」があります。つまり、台湾独立の動きがあれば、軍事手段を使ってもかまわないと法律で認められているのです。

中国の軍事演習に対してアメリカ軍が動きます。台湾に圧力をかけることはアメリカが許さない、と西太平洋に駐留していた空母2隻を台湾の近くまで送り、中国側を牽制しました。

このときの空母の1隻の名前が、よりによって独立を意味する「インディペンデンス」だったのです。偶然だとは思いますが、「独立」という名前の空母を送り込まれて、手も足も出なかった。中国にとっては屈辱です。

どうしてアメリカが台湾を守ってくれたのか。国連を脱退した台湾（中華民国）はアメリカと直接の国交はありません。しかし、アメリカはアジア地域での民主主義国家を防衛する必要性から1979年に「台湾関係法」を制定し、いざという時にはアメリカが台湾を守るという約束をしているのです。

現在、台湾は独立志向の強い民進党政権です。民進党の総裁が、台湾は独立するという宣言をした瞬間、中国は台湾を攻撃して独立を阻止し、アメリカは軍隊を送って台湾を守ります。台湾を舞台に、中国とアメリカの軍事衝突が起こらないともかぎらないのです。

Q ここまで説明すると、中国が南シナ海に基地を造っている理由がわかるはずです。さぁ、誰か？

――**アメリカ軍が台湾に来るのを防ぐためです。**

正解です。アメリカ軍の基地は、グアム島にあります。南シナ海に基地があれば、アメリカ軍の空母が台湾にやってくる前に、多数の戦闘機や爆撃機を送り込んで攻撃できます。中国の南シナ海支配には、台湾の独立阻止という長期的な戦略があるのです。

２０１６年１月、台湾の総統選挙で民進党の蔡英文（p２１２写真㉑）が、得票２位の国民党候補に３００万票以上の大差をつけて圧勝。同年５月20日に台湾初の女性総統が誕生しました。

国民党のルーツは、中国大陸にあります。前総統である国民党の馬英九の時代は、できるだけ大陸と仲良くしたい。中国はひとつだという方針をとっていました。

ところが民進党は、台湾に生まれ育った人たち（本省人）が中心になってつくった政党です。中国大陸と台湾は別のものだと考えている人が多いのです。

現実的には、台湾経済は13億人を抱える中国に依存しています。台湾を経由して中国とビジネスをする海外企業も多く、中国の資本も台湾に流入しています。中国と台湾の経済は一体化しているといってもいいほどです。

民進党が台湾独立を主張して、中国との関係が悪化すると、台湾経済は崩壊する危険性があります。民進党政権は、中国が主張する「ひとつの中国」にはなりたくないが、経済関係はこのまま保ちたい。

蔡英文総統は、就任演説で「ひとつの中国」には触れず、東シナ海、南シナ海での問題は棚上げし、資源の共同開発をしましょうと発言しました。中国政府は、「ひとつの中国」

写真㉑—台湾総統、蔡英文｜写真提供：AFP＝時事
総統就任式の演説で「ひとつの中国」に触れなかったため、中国側は警戒感を示しました。

という根本を認めない玉虫色の発言だ、と反応しました。中国から常に圧力をかけられる蔡英文総統は、今後も難しい舵取りを迫られるでしょう。

民族問題が中国の火種に

中国には9割以上を占める漢民族のほかにも55の民族が暮らしているという話をしました（第1章p16）。大帝国の復活を目指す中国にとって、内陸部での民族独立運動も頭の痛い問題です。

中国の北西部に新疆ウイグル自治区があります。新疆の「疆」は難しい漢字。読めても書くのは大変だよね（笑）。では、ここで質問です。

Q「新疆」の「疆」とは、はどういう意味でしょうか？

――？？？

この問題は難しかったね。「疆」というのは、境界とか土地とかいう意味です。新疆とは「新しい土地」。新しいとは、いつの時代のことだろうか。この地域は、清の時代に中国の一部になりました。清にとって、この地はウイグル人の住んでいる新しい土地ということだったのですね。

ウイグル人は、トルコ系のイスラム教徒の人たちです。新疆ウイグル自治区の西にはカザフスタン、キルギス、タジキスタンなどがあります。このあたり一帯は歴史的にトルキスタンと呼ばれる地域で、トルコ系のイスラム教徒の国です。地図（地図⑥）を見ると、カスピ海を挟んで西は、もうトルコです。

１９３３年と１９４４年の2度にわたり、新疆ウイグル自治区は中国からの独立を目指し、東トルキスタン共和国という国をつくったことがあります。短期間で中国に統合されてしまいましたが、今でも新疆ウイグル自治区の人たちには、自分たちは中国ではない。自分たちのルーツはトルコであるという思いがあります。

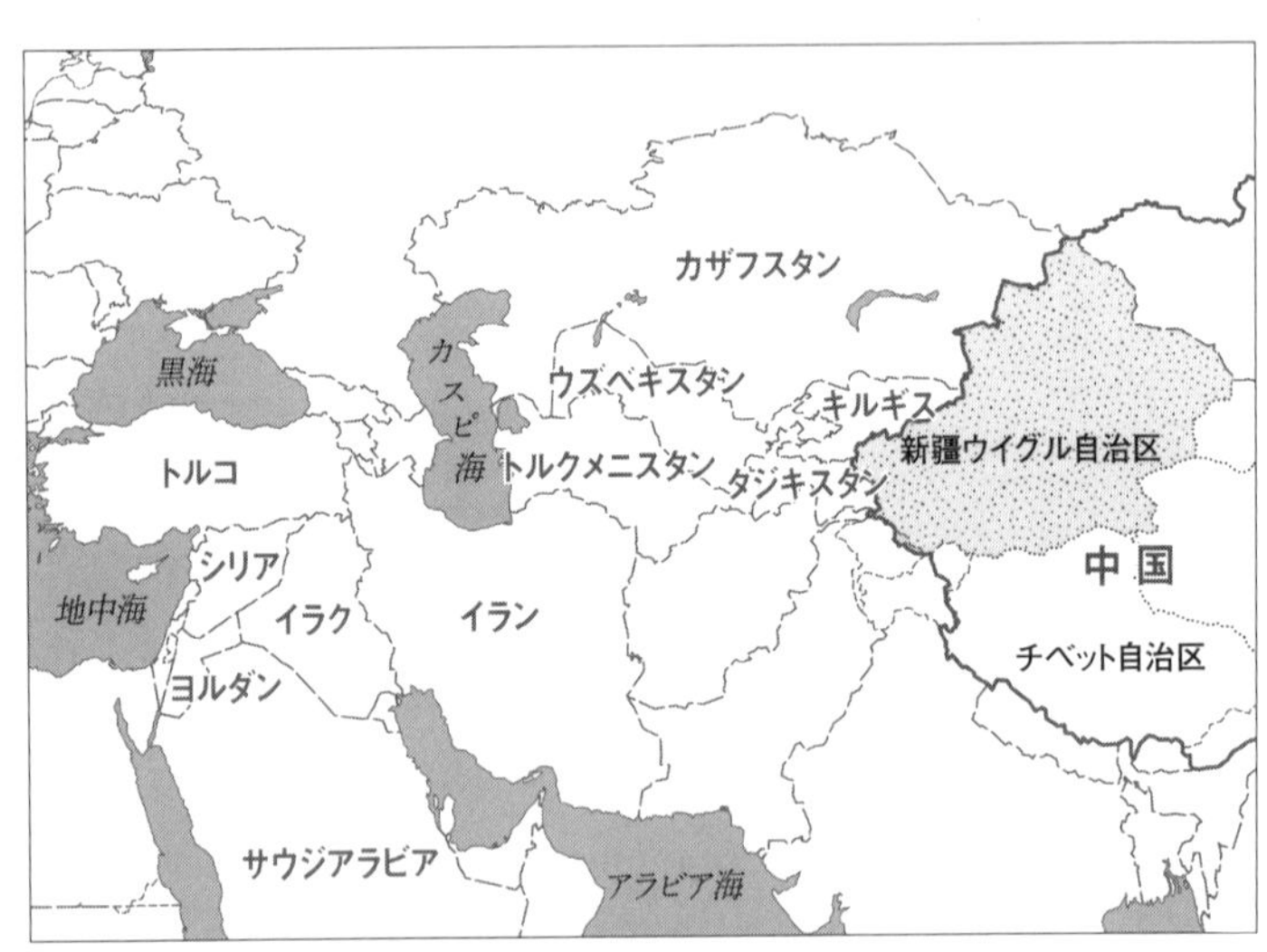

地図⑥―新疆ウイグル自治区からトルコまでは意外と近い

この地にイスラム教のトルコ人の国をつくりたい。東トルキスタン共和国をもう一度つくろうという独立運動の火種が潜んでいるのです。２００９年には漢民族支配に対するウイグル人の不満が爆発し、大きな騒乱が起こりました。中国共産党も新疆ウイグル自治区の独立運動を非常に警戒しています。

さらにウイグル人たちの中には、イラクとシリアにまたがっている自称「イスラム国」に行って、軍事訓練を受けている者もいます。イスラム帝国を復活させるという「イスラム国」の考えに同調して、過激な活動に身を投じているのです。中国は、彼らが新疆ウイグル自治区に戻って、テロを行うのではないかと恐れています。

新疆ウイグル自治区のすぐ南にはチベット自治区があります。チベット自治区も、昔は独立国でした。中国が武力で占領してしまったのです。チベットには、チベット仏教の最高位であるダライ・ラマがいます。

Q みなさんもダライ・ラマの名前は聞いたことがあるでしょう？

――ノーベル平和賞を受賞した仏教の偉い人です。

そうですね。さらに詳しくいうと、ダライ・ラマはチベット仏教のトップです。現在のダライ・ラマは14世です。１９８９年にチベット仏教の布教による世界平和への貢献が評価されノーベル平和賞を受賞しました。ノーベル平和賞を受賞したことで、ダライ・ラマ14世の国際的な影響力はさらに強くなります。

ここで、中国とチベットの関係をおさらいしておきましょう。チベットは中国南西部、新疆ウイグル自治区の南に位置し、ヒマラヤ山脈や崑崙山脈、タクラマカン砂漠などに囲まれた、まさに天然の要塞。人々は標高３０００メートルから５０００メートルの高地に暮らしています。中国はチベットを「西蔵」、つまり西の宝蔵と呼び、憧れてきました。

１９５０年、毛沢東率いる中国は武力によってチベットを制圧にかかります。武器も少なく武力も脆弱なチベットは、約３週間後に降伏。翌年に「チベット平和開放に関する協定」を締結します。この協定により中国はチベットを併合しますが、すぐに社会主義化は行わずチベット政府の存続を認めました。

中国政府はチベットを支配下に置くため、人民解放軍を各地に駐屯させます。チベットの中心地ラサに送り込んだ解放軍兵士は2万人ともいわれ、その数はラサの人口の半分に匹敵するほどでした。

中国は、ダライ・ラマ14世のいるラサ地区では協定を守りましたが、周辺部では僧侶から権力を奪った中国共産党が政治の主導権を握り社会主義化を進めていきました。チベットの人々は、解放軍に対して反感を強めていきます。各地で抗争が起こり、多数のチベット人が虐殺されました。

１９５４年、ダライ・ラマ14世は北京に招待され毛沢東と会見します。当初、ダライ・ラマ14世は友好的に接する毛沢東の魅力にひかれ、中国との提携を本気で考えたという記録も残っています。ところが、毛沢東の「宗教は毒だ。第一に人口を減少させる。なぜなら僧侶と尼僧は独身でいなくてはならないし、第二に、宗教は物質的進歩を無視するからだ」（『ダライ・ラマ自伝』ダライ・ラマ14世著・山際素男訳／文春文庫）という発言を聞き、毛沢東と中国共産党はチベット仏教を決して認めることがないのだと悟ります。以降、ダライ・ラマ14世は中国に対し非常な警戒心を抱くようになります。

１９５９年、中国がダライ・ラマの拉致を計画しているという噂が流れました。ダライ・ラマが滞在していたラサ地区のノルブリンカ離宮に３万人もの群衆が集まりダライ・ラマを守ろうとします。中国軍は激怒し、群衆が解散しなければノルブリンカ離宮を砲撃すると、最後通告を突きつけました。

ダライ・ラマ14世は、自身がノルブリンカ離宮を離れれば群衆は解散し、中国軍との衝突は避けられるだろうと考え、インドへの亡命を決意します（p218写真㉒）。インド政府はダライ・ラマ14世を受け入れ、ダライ・ラマ14世はダラムサラにチベット亡命政府を樹立します。ダライ・ラマ14世の亡命によって、中国とインドの関係は急激に悪化。１９６２

年8月には中国軍がインドに侵攻し、中印戦争が勃発します。不意をつかれたインド軍は大敗し、中国は広大な土地を占領しました。

一方、最高指導者であるダライ・ラマ14世がいなくなったチベットでは、中国による激しい弾圧が行われます。北京オリンピックを直前に控えた2008年3月には、チベット独立を求めるデモをきっかけに、大きな暴動が起こり、中国当局に鎮圧されました。

オリンピック開催で注目を集めている時期なので、中国政府が武力による強硬策をとることは難しいだろうと考え、世界に向けてチベット問題をアピールしたのです。

Q ダライ・ラマ14世がインドに亡命した後、チベット政府はどうなったで

写真㉒―ダライ・ラマ14世、インドへ亡命｜写真提供:AP/アフロ
チベットとの国境、アッサムにあるインド軍の駐屯地に到着したダライ・ラマ（前方左から2番目）をインド政府の要人が手厚く出迎えました。

しょう？

——中国の人民解放軍によって支配された？

中国も「チベット平和開放に関する協定」でチベット政府の存続を認めているので、完全に支配下に置くことはできません。

チベット仏教には、ダライ・ラマに続くナンバーツーの指導者がいます。それがパンチェン・ラマです。ダライ・ラマ14世がインドに亡命した後も、パンチェン・ラマ10世はチベットに留まり、中国共産党との協調路線をとります。しかし「文化大革命」の影響がチベットにまで及び始め、紅衛兵たちが仏像や寺院を破壊し始めます。

中国政府に従ってきたパンチェン・ラマ10世も、さすがにこの行為を許すことはできず、中国支配に対する批判を始めます。すると中国政府は、毛沢東に対する裏切り行為だとして、9年8か月に渡ってパンチェン・ラマ10世を北京に監禁します。

1989年1月、パンチェン・ラマ10世が50歳の若さで急逝します。チベット仏教では、僧侶の結婚は認められていません。当然ダライ・ラマやパンチェン・ラマにも、子どもがいません。では、ダライ・ラマやパンチェン・ラマが亡くなった後、後継者はどうやって選ばれるのでしょう。

チベット仏教では、すべての命は輪廻転生(りんねてんしょう)すると考えられています。つまり、亡くなったパンチェン・ラマ10世は、どこかで転生している。その転生者を探しだして、パンチェン・ラマ11世とするのです。パンチェン・ラマの転生者はダライ・ラマが、ダライ・ラマの転生者はパンチェン・ラマが認定します。

ダライ・ラマ14世は、1995年5月、チベットに住むゲンドゥン・チューキ・ニマという男児をパンチェン・ラマの転生者として認定しました。ところが、中国政府が、この子を拉致。その後現在まで消息は不明です。

さらに中国政府は、独自に中国共産党員の両親を持つギェンツェン・ノルブをパンチェン・ラマ11世として認定します。こうして、パンチェン・ラマ11世がふたりいるという不思議な状況になっています。

ダライ・ラマ14世は、80歳を超える高齢です。しかも、ダライ・ラマ14世が認定したパンチェン・ラマ11世（ゲンドゥン・チューキ・ニマ）は、消息不明です。もしダライ・ラマ14世が亡くなったら、ダライ・ラマ15世を認定するのは中国共産党の教育を受けたパンチェン・ラマ11世（ギェンツェン・ノルブ）ということになる可能性が高い。中国政府の息がかかった、最高指導者ダライ・ラマが誕生したら、チベットはどうなるでしょう。チベット仏教は中国共産党の支配下に置かれます。つまり中国がチベットの実質的な支配を目指していることが、この事件からもわかります。

Q地図(地図⑦)を見ると、チベット自治区の南東、ブータンのすぐ東側に破線で囲まれているエリアがあります。ここはどんな場所でしょう。

——**誰も支配していない地域。**

半分正解ですね。中印戦争の結果、インドと中国の間で国境紛争が起こりました。破線の上のほうは、インドが主張している国境線。下の破線が中国が主張している国境線です。

実際には、破線で囲まれた白いエリアは、中国が中印戦争で占領し、現在も中国が支配しています。ただ、地図に正式な国境線が引かれていないということは、中国とインドはこの国境線をめぐって、今も対立しているということなのです。

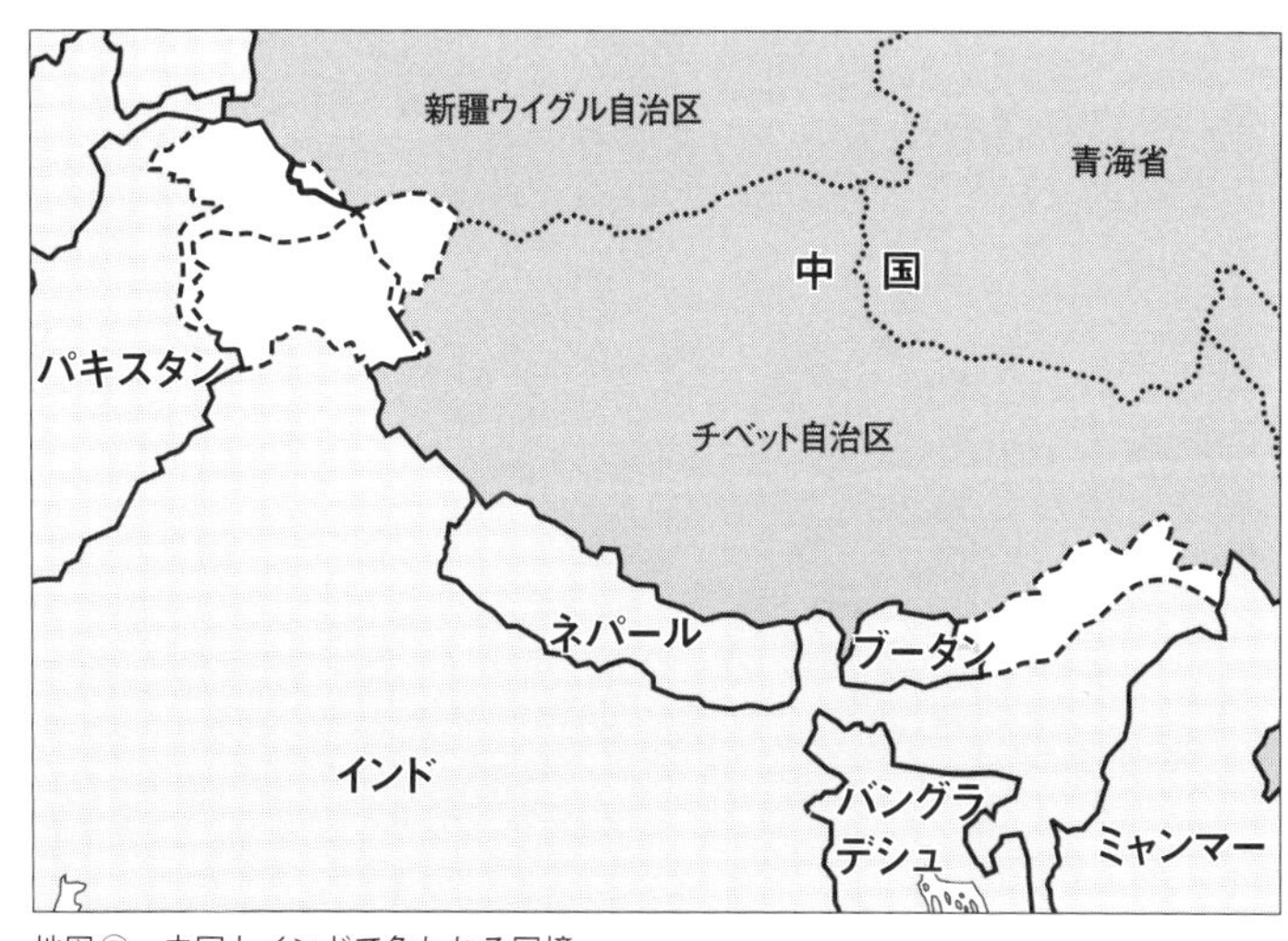

地図⑦—中国とインドで争われる国境
係争地域は、地図上では破線で表されています。

新疆ウイグル自治区とチベット自治区の西側にも国境が破線になっているところがあります。ここはインドとパキスタンが、それぞれ自分の領土だと、争っているところです。破線の南側はインドが実効支配し、北の部分は、パキスタン側が支配をしています。その東側にも破線で囲まれているエリアがあります。パキスタンはインドと仲が悪く、インドの敵である中国ととても仲がいい。パキスタンが中国にプレゼントした地域です。

しかしインドは、自分の領土をパキスタンが勝手に中国にプレゼントしたと怒ります。パキスタンは、山岳地帯の高地で気温も低い。とても人が生活できるような場所じゃない。中国にプレゼントしてもいいじゃないか、という理屈です。そういう国際的に宙ぶらりんな場所が、中国周辺に存在しているのです。

著しい経済成長を遂げ、世界第2位のGDPを誇る中国は、上海に行くと、きらびやかな摩天楼の世界が広がっています。しかし、内陸に目を向けると、電気も水道もない場所で暮らしている人たちも大勢います。地域によって貧富の差、経済格差が非常に大きい。これが中国の現状です。中国と周辺民族、周辺諸国の間には、まだまだ解決しなくてはいけない問題が山積しているのです。

国の豊かさが、戦争を抑止する

国際的にも強硬姿勢を貫く中国は、いざという時は戦争をやるぞという姿勢をちらつかせています。しかし本気で戦争をしようとは、考えていません。

「大躍進政策」で貧窮していた国から、GDP世界第2位へと成長を遂げた中国です。今の豊かさを戦争で台無しにしようと、考えるはずがないからです。

イスラム過激派が自爆テロを行っています。彼らには失うものがない。人生に絶望した人が、自称「イスラム国」に参加して自爆テロをしているのです。生きていても苦しいだけだ。アラー（神）のために死ねば天国に行ける。こんなに危険な思想はありません。

ところが、働き場所があって、結婚し子どもに恵まれ、家族と幸せな生活をしている人には、失うものがたくさんある。そんな人は、まず自爆テロなんてやりません。

貧しくて失うものがないから、自暴自棄になるのです。戦争に負けても、これ以上貧しくはならない。戦争で勝てば相手の国の財産や領土を奪える。国の経済がどん底だと、破れかぶれで戦争をする可能性があるわけです。

世界から戦争やテロをなくすことは大変難しいことです。時間はかかりますが、少しでも世界から貧困をなくしていく。国が豊かになれば、戦争をしようとすることに国民も指導者もブレーキがかかります。つまり、失うものがたくさんある人を増やすことが、世界平和へのいちばんの近道かもしれません。

それは、一国だけでは成り立たないことです。周りの国々と貿易を活発にする。貿易が止まったら我が国はやっていけないという状態になると、それが戦争をすることのブレーキになるよね。

日中関係が一時非常に悪い状態だったでしょう。そうしたら、最近になって、習近平国家主席が日本との関係を改善しようとしています。日中関係が悪くなったことによって、貿易が減り、日本からの投資が止まってしまい、中国経済が打撃を受けてしまった。やっぱり、日本との関係は改善したほうがいい、と動いたわけです。これは、貿易を活発にして人と人との交流を深めていくと、戦争を防ぐことができる可能性を示している、ということなのです。

日本と中国はお隣の国で、確かに仲が悪かったし、歴史上の問題もあります。普通の家だと、隣に嫌な人がいたら引っ越すことができますが、国は隣国が嫌いだからといって引っ越すことはできません。どうにかしてお互いに折り合いをつけていかなければならないのです。

今、中国の人たちが大勢日本にやってきています。国際マナーが身についていないせいで、ひんしゅくを買うこともまだ多い。しかし多くの中国の人たちは、日本人の親切さや清潔さ、サービスのよさなどに驚いて帰国しています。

日本はひどい国だ、軍国主義の国だと教えられていたけれど、日本を旅行してみたら、日本の人たちはとても優しくていい国だった。そうSNSに書き込んでいます。日本にはどこにも兵隊の姿はない。中国のほうがよっぽど軍服を着た人が多い。政府が言っていることは、違うのではないか——。毎年、何十万人もの中国の人たちが、日本に対する認識を改めて帰国しているのです。

国と国の関係は、簡単に修復することはできませんが、人と人なら簡単にできます。みなさんは、これから中国に留学することもあるでしょう。中国の留学生が日本にやって来て、大学で一緒になることもあるでしょう。

もしそうなったら、積極的に中国の友人をつくってください。友だちの国とは戦争をしたくない。そういう気持ちをみんなが持っていくことが大切なのです。

あの国の人はとか、あの民族は、という偏見に満ちた思い込みがいちばん危険だということです。公衆道徳にしても、私たち日本人だって、昔は今の中国の人と似たようなことをやっていた事実を知っておくことが大切です。

悲惨な歴史をくぐり抜けてきたら、同じようになっていたかもしれない。幸運にも、戦後の日本人はそうならなかっただけなのです。みなさんにはそういう客観的な国際感覚を、ぜひ身につけてほしいです。

――（生徒代表）２日間にわたるご講義、本当にありがとうございました。普段の授業ではなかなか学べないことばかりでした。私は、中国の人は礼儀が悪いという認識があったので、それを改められたのがよかったです。これからは、ものごとを広く浅くではなく、広く深く捉える意識を持って生活していきたいと思います。

――（生徒全員）ありがとうございました。（拍手）

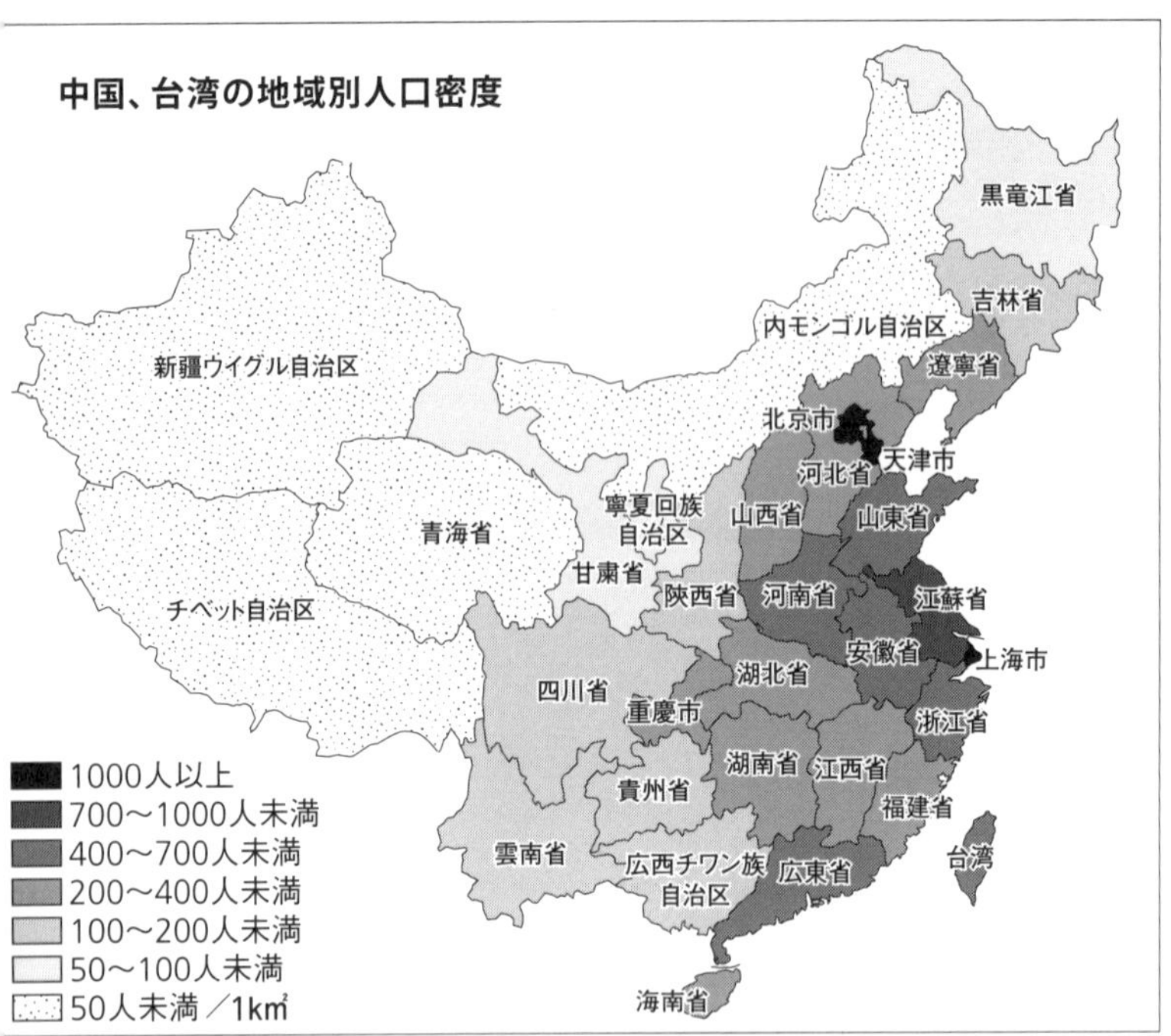

各地の人口(単位:万人)

中華人民共和国 全国	**約13億7600**
北京市	2115
天津市	1472
河北省	7333
山西省	3630
内モンゴル自治区	2498
遼寧省	4390
吉林省	2751
黒竜江省	3835
上海市	2415
江蘇省	7939
浙江省	5498
安徽省	6030
福建省	3774
江西省	4522
山東省	9733
河南省	9413
湖北省	5799
湖南省	6691
広東省	10644
広西チワン族自治区	4719
海南省	895
重慶市	2970
四川省	8107
貴州省	3502
雲南省	4687
チベット自治区	312
陝西省	3764
甘粛省	2582
青海省	578
寧夏回族自治区	654
新疆ウイグル自治区	2264
中華民国(台湾)	**2350**

出典:中国統計年鑑(2014年)、外務省HP

民族	人口総数(単位:万人、単位以下は切り捨て)				
①チワン族	1692	⑳リス族	70	㊴アチャン族	3
②回族	1058	㉑トンシャン族	62	㊵ヌー族	3
③満族	1038	㉒コーラオ族	55	㊶エヴェンキ族	3
④ウイグル族	1006	㉓ラフ族	48	㊷ジン族	2
⑤ミャオ族	942	㉔ワ族	42	㊸ジノー族	2
⑥イ族	871	㉕スイ族	41	㊹ドアン族	2
⑦トゥチャ族	835	㉖ナシ族	32	㊺ボウナン族	2
⑧チベット族	628	㉗チャン族	30	㊻ロシア族	1
⑨モンゴル族	598	㉘トゥ族	28	㊼ユーグ族	1
⑩トン族	287	㉙モーラオ族	21	㊽ウズベク族	1
⑪プイ族	287	㉚シボ族	19	㊾メンパ族	1
⑫ヤオ族	279	㉛キルギス族	18	㊿オロチョン族	0.8
⑬ペー族	193	㉜チンプオ族	14	(51)トールン族	0.6
⑭朝鮮族	183	㉝ダウール族	13	(52)ホーチョ族	0.5
⑮ハニ族	166	㉞サラ族	13	(53)高山族	0.4
⑯リー族	146	㉟プーラン族	11	(54)ローパ族	0.3
⑰カザフ族	146	㊱マオナン族	10	(55)タタール族	0.3
⑱タイ族	126	㊲タジク族	5		
⑲シェ族	70	㊳プミ族	4		

出典:中国統計年鑑(2014年)

中国、香港、台湾略年表

（本書に関連した項目をもとに、中国の出来事を中心に作成）

1840 アヘン戦争（〜1842）。

1842 南京条約調印。香港島がイギリス領となる。

1856 清と英仏連合軍、アロー戦争（〜1860）。

1858 清、英仏と天津条約、ロシアとアイグン条約を結ぶ。

1860 清、イギリスと北京条約調印。九龍半島の南部がイギリス領となる。

1884 清仏戦争（〜1885）。

1885 清、日本間で天津条約。

1887 マカオがポルトガル領に。

1894 日清戦争（〜1895）。

1895 下関条約により清は日本に台湾を割譲。台湾で台湾民主国が成立するも、日本軍に制圧される。各地で抗日運動起こる。

1898 台湾で日本政府による土地調査事業が始まる。

1900 義和団事変で8か国連合軍が北京を占領（〜1901）。

1905 科挙制度廃止で日本への留学生が増加。孫文らが東京で中国同盟会を設立。

1908 台湾縦貫鉄道開通。

1911 辛亥革命起こる。

1912 1月、中華民国成立。孫文が臨時大総統に就任。2月、宣統帝（溥儀）の退位により清朝が滅亡。3月、袁世凱が中華民国の臨時大総統に。

1913 ダライ・ラマ13世、チベット独立宣言。

1914 孫文が亡命先の日本で中華革命党を結成。

1915 日本、中国に対華21か条要求を突きつける。

1919 台湾電力株式会社設立。ベルサイユ条約に対する抗議運動が起こる（五・四運動）。中華革命党を中国国民党と改称。

1921 中国共産党結成。

1924 中国国民党と中国共産党が連携関係に。第一次国共合作。

1925 孫文死去（1866〜）。

1927 4月、南京国民政府が樹立。7月、蒋介石の弾圧を受け、中国国民党から共産党員が脱退。8月、南昌で中国共産党が武装蜂起。中国労農紅軍（紅軍）結成。10月、毛沢東が井岡山に革命根拠地を建設。

1928 台湾に日本の7番目の帝国大学、台北帝国大学創設。蒋介石が中華民国政府主席に就任。

1930 台湾少数民族による抗日暴動（霧社事件）起きる。

1931 満州事変。中国共産党が江西省瑞金に中華ソビエト共和国政府を樹立。

1932 日本が、中国東北部に満州国を樹立。溥儀を執政に。

1933 新疆省（現新疆ウイグル自治区）西部でイスラム教徒による独立政府成立（第一次東トルキスタン共和国 〜1934）。

1934 毛沢東率いる紅軍の長征（戦略的大移動）始まる。

1936 張学良が蔣介石を拘束し、抗日統一戦線結成への政策転換を認めさせる（西安事件）。
1937 盧溝橋事件を機に日中戦争勃発。第二次国共合作。日本軍が南京を占領。中華民国は首都を重慶に移す。
1939 第二次世界大戦勃発。
1941 日本がハワイ真珠湾と香港などを攻撃。太平洋戦争始まる（〜1945）。香港島のイギリス軍が降伏。日本が占領。
1943 毛沢東が中国共産党中央政治局主席兼中央書記処主席に就任。
1944 新疆省北部で、ソ連の協力のもとに第二次東トルキスタン共和国が成立（〜1946）。
1945 日本軍の降伏により第二次世界大戦終結。再び香港がイギリス領に。中華民国が台湾と澎湖諸島を編入。国民党員の台湾への流入始まる。国際連合が発足。
1946 中華民国が国連安全保障理事会の常任理事国に。第二次国共合作が崩壊。国民党軍と共産党軍が内戦に突入。
1947 台北で二・二八事件。台湾人（本省人）の国民党への不満が高まり、台湾全土に波及。
中国共産党の軍隊が「中国人民解放軍」の呼称になる。中華民国憲法施行。
1949 1月、共産党軍が国民党軍との内戦に勝利。7月、毛沢東「向ソ一辺倒」宣言。10月、中華人民共和国の成立。ソ連が中華人民共和国を承認。12月、国民党（中華民国政府）が台北を臨時首都と定め、全面的に台湾へ移入。
1950 イギリスが中華人民共和国を承認。2月、中ソ友好同盟相互援助条約締結。6月、朝鮮戦争勃発。人民解放軍が義勇軍として北朝鮮を支援。10月、人民解放軍、チベットへ進軍。11月、チベットが国連に中国の侵略を訴える。
1951 5月、チベットの平和解放に関する「一七条協定」締結。12月、人民解放軍2万人がチベットのラサに配備される。
1952 中華民国と日本が日華平和条約を締結。
1953 中国で初めての国勢調査が行われる。人口約6億人。
1954 9月、最初の中華人民共和国憲法制定。第1回全国人民代表大会開催。12月、米華相互防衛条約締結。台湾の安全をアメリカが保障。第一次台湾海峡危機。
1957 2月、毛沢東が共産党外からの批判を歓迎する「百花斉放」を発表。6月、毛沢東が一転して、反共産分子を弾圧する「反右派闘争」に乗り出す。
1958 毛沢東の「大躍進政策」始まる。第二次台湾海峡危機。
1959 3月、人民解放軍が8万7000人のチベット人を殺害。ダライ・ラマ14世がインドへ亡命。4月、毛沢東が国家主席を退任し、劉少奇が就任。6月、中ソ関係が悪化。8月、中国軍がインドに侵攻（中印戦争へ）。
1962 蔣介石、大陸反攻への「国光計画」に着手。
1964 『毛沢東語録』刊行。中国が初の原子爆弾実験に成功。
1965 「チベット自治区」を設置。
1966 北京大学構内に共産党批判の壁新聞が張り出される。「文化大革命」始まる。北京市公安局が紅衛兵の暴力を容認する方針決定。
1968 毛沢東の「下放」発言により、紅衛兵たちが地方の農村へと送られる。
1969 中ソ国境で大規模な軍事衝突。ソ連は核使用の準備があると発言。劉少奇死去（1898〜）。

1971 国連総会で中国の代表は中華人民共和国と変更される。中華民国（台湾）が国際連合を脱退。

1972 2月、アメリカのニクソン大頭領が訪中。3月、中国、イギリス間で正式に国交樹立。8月、香港島と九龍半島を結ぶ海底トンネルが開通。9月、日本の田中角栄首相訪中。日本と中華人民共和国が国交正常化。中国から2頭のパンダが贈られる。

1975 蔣介石が台北で死去（1887〜）。アメリカ軍が台湾から完全撤退。

1976 1月、周恩来死去（1898〜）。4月、周恩来追悼のため天安門広場に集まった群衆が、当局により排除される。9月、毛沢東死去（1893〜）。10月、江青ら四人組が逮捕される。

1977 四人組が共産党から永久追放される。

1978 日中平和友好条約締結。鄧小平、日本訪問。鄧小平、中国共産党中央委員会総会で「改革開放政策」を発表。

1979 中国とアメリカが国交を樹立。鄧小平、訪米。「ひとりっ子政策」導入。台湾とアメリカの軍事政策「台湾関係法」が制定される。中国の通商・通信・通航の「三通」に対し、台湾は「接触せず、交渉せず、妥協せず」の三不政策。

1981 中国が「一国二制度」を提唱し、台湾との統一を呼びかける。

1982 共産党トップの名称が「主席」から「総書記」に変更される。第3回国勢調査。人口が10億人を超える。イギリスのサッチャー首相が訪中。香港返還交渉が始まる。

1884 サラエボ冬季オリンピックで、台湾の選手団が初めて「チャイニーズ・タイペイ」として参加。北京で香港返還に関する中英共同声明に調印。

1985 人民公社の解体が完了。

1986 台湾で初の野党「民主進歩党（民進党）」結成。

1987 台湾で38年続いた戒厳令が解除される。

1988 蔣経国死去（1910〜）。台湾総統代行に李登輝が就任。初めて本省人の総統が誕生。「三不政策」の見直し。

1989 4月、胡耀邦の死去（1915〜）で、学生たちによる追悼デモ。民主化運動広まる。5月、ソ連のゴルバチョフ書記長、訪中。中国政府が北京市の一部に戒厳令発令。6月4日、人民解放軍が天安門広場に突入。天安門事件。

1991 台湾、中国共産党との内戦状態終結宣言。双方とも交渉窓口として「海峡交流基金」を設立。ソ連共産党解体。ソ連崩壊。

1992 台湾で、1947年の「二・二八事件」についての調査報告がまとまり、李登輝が遺族を弔う。全国人民代表大会で尖閣諸島周辺を中国の領海と宣言。共産党大会で「社会主義市場経済体制の確立」を決定。中国、台湾間で、ひとつの中国を堅持しつつもその意味の解釈は各自異なることを認める「九二共通認識」に合意。

1994 愛国教育の実施要項制定。

1995 第三次台湾海峡危機。中国が台湾周辺海域で軍事演習。

1996 台湾で初の総統直接選挙が行われる（現職の李登輝当選）。

1997 鄧小平死去（1904〜）。イギリスの香港統治が終了。中国に返還される。以後50年間、香港に「一国二制度」の高度な自治が保障される。香港特別行政区政府の行政長官に董建華が就任。

1998 中国民主党が結党されるも、関係者全員が逮捕される。

1999 台湾の李登輝、台湾と中国は特殊な国と国の関係とする「二国論」発表。

マカオがポルトガルから中国に返還される。「一国二制度」のもと、50年間の高度な自治が認められる。

2000 台湾で政権交代。民進党の陳水扁が総統に就任。

2001 中国が世界貿易機関（WTO）に加盟。

2002 台湾（中華民国）が世界貿易機関に加盟。

2003 中国各地で反日運動が始まる。

台湾のパスポート表記「REPUBLIC OF CHINA」に「TAIWAN」が追加される。

2005 中国で「反国家分裂法」が採択され、直ちに施行される。中国にある日本企業や日本料理店が襲撃されるなど、各地で反日デモが激化。

香港行政長官選挙で曽蔭権が当選。

2007 中国で「物権法」が成立。私有財産が認められる。

香港特別行政区基本法では、2007年以降の普通選挙実施の可能性を示していたが、行われず。間接選挙により曽蔭権が行政長官に再選。

2008 台湾で馬英九が総統に就任。国民党が政権奪回。

チベットで独立を求めるデモが暴動へと発展。北京オリンピック開催。

中国—台湾間で、通信・通商・通航の「三通」が解禁される。

2009 新疆ウイグル自治区のウルムチで、ウイグル人による漢民族への抗議行動から騒乱へと発展。

2010 中国と台湾間で両岸経済協力枠組協定に署名。経済・貿易関係の正常化へ。

中国GDP、日本を抜き世界第2位に。

2012 香港行政長官選挙で親中派の梁振英が当選。

2014 台湾で、「サービス貿易協定」に反対する学生らが立法院を占拠。「ひまわり運動」へ発展。

香港で行政長官の選挙制度に抗議するデモが拡大（「雨傘運動」）。

アジア太平洋経済協力首脳会議で、習近平が「一帯一路」構想を提唱。

2015 台湾の鴻海精密工業による日本のシャープの買収が決まる。

中国、「ひとりっ子政策」の廃止を決定。

シンガポールで1949年の分断後初の中台首脳会議。

中国を批判する本を扱う香港の書店関係者たちが消息不明に。

2016 1月、台湾総統選挙で民進党の蔡英文が当選。初の女性総統誕生で、再び民進党の政権に。

6月、香港の書店店長が香港へ戻り、中国当局に拉致監禁されていたことを認める。

7月、ハーグ（オランダ）仲裁裁判所が、中国の主張する南シナ海での権利について「国際法上の根拠なし」の判決。

＊参考文献・資料／池上彰『そうだったのか！中国』（集英社）、『詳説世界史』（山川出版社）、『20世紀年表』（毎日新聞社）、台北駐日経済文化代表処ＨＰ

おわりに

東シナ海の尖閣諸島周辺には、最近中国の漁船が多数出没し、日本の海上保安庁にあたる「中国海警」の船が「取り締まり」の名目でやってきています。日本の領土の尖閣諸島を、中国は中国領土の「釣魚島」だと主張しているからです。

ところが、台湾も、「我々の領土だ」と主張しています。実は中国は、「釣魚島は台湾のもの。台湾は我々のもの。だから釣魚島は我々のもの」という三段論法なのです。

その中国は、中国大陸から遠く離れた南シナ海を「自分の海だ」と主張して、七つの人工島を建設しています。そこには、「かつて明の時代、ここを開発したからだ」という理屈があります。

中国独自の歴史と論理。これが周辺の国との間で紛争を引き起こしています。これもまた、長い間貧しかった国が急に豊かになってきたときに、過剰な自信から傲慢になるという万国共通の傾向が見て取れます。

ある国のことを学ぶとき、それは、その国独自のことなのか、それとも万国共通の発展の歴史のひとコマなのか、そこを注意深く観察することが必要なのです。

その勉強のために、この本はお役に立てたでしょうか。

この本をつくるにあたっては、片原泰志さん、小学館の岡本八重子さんにお世話になりました。

池上　彰

本書を刊行するにあたって、
東京都立桜修館中等教育学校の
先生や生徒のみなさまにご協力いただきました。
厚く御礼申し上げます。
――編集部

池上 彰

いけがみ・あきら

1950年長野県生まれ。慶應義塾大学経済学部卒業後、73年にNHK入局。報道局社会部記者などを経て、94年4月から11年間にわたり、『週刊こどもニュース』のお父さん役を務め、わかりやすく丁寧な解説で人気を集める。

2005年にNHKを退職し、フリージャーナリストに。名城大学教授、東京工業大学特命教授。愛知学院大学、立教大学、信州大学、日本大学、順天堂大学、東京大学などでも講義を担当。主な著書に『そうだったのか！現代史』『伝える力』『池上彰の学べるニュース』などがある。

構成
片原泰志

ブックデザイン
鈴木成一デザイン室

地図製作
平凡社地図出版株式会社

編集協力
西之園あゆみ

校正
小学館出版クォリティーセンター

制作
長島顕治、池田 靖、星 一枝

販売
奥村浩一

宣伝
荒木 淳

編集
岡本八重子、園田健也

池上彰の世界の見方
Akira Ikegami, How To See the World

中国・香港・台湾

分断か融合か

2016年11月20日 初版第1刷発行
2020年 2月 8日 第4刷発行

著者
池上 彰

発行者
小川美奈子

発行所
株式会社小学館
〒101-8001 東京都千代田区一ツ橋2-3-1
編集03-3230-5112 販売03-5281-3555

印刷所
凸版印刷株式会社

製本所
株式会社 若林製本工場

 ISBN978-4-09-388504-1

好評既刊

*

池上彰の世界の見方
15歳に語る現代世界の最前線
（導入編）

四六判／242ページ　ISBN978-4-09-388442-6

*

アメリカ
ナンバーワンから退場か

四六判／240ページ　ISBN978-4-09-388469-3

*

中国・香港・台湾
分断か融合か

四六判／240ページ　ISBN978-4-09-388504-1

*

中東
混迷の本当の理由

四六判／240ページ　ISBN978-4-09-388555-3

*

ドイツとEU
理想と現実のギャップ

四六判／240ページ　ISBN978-4-09-388580-5

*

朝鮮半島
日本はどう付き合うべきか

四六判／240ページ　ISBN978-4-09-388605-5

*

ロシア
新帝国主義への野望

四六判／240ページ　ISBN978-4-09-388629-1

*

東南アジア
ASEANの国々

四六判／240ページ　ISBN978-4-09-388687-1

発行＊小学館